# 战术的本质

［日］木元宽明 著

肖传国 译

作战不限于攻击、防御等单一行动，而是各种战术行动的复合体。为了避免纸上谈兵，指挥官必须终身勤奋学习，才能在实战中根据千变万化的战场情况将战术运用自如。本书作者是前日本陆上自卫队少将，他结合自己的所学所思所悟，通过精心设计的版面形式与详细图表，全面介绍了作战原则、作战基础、战斗的科学、战斗的艺术等内容，为读者们揭秘了优秀的战术是如何将指挥艺术与战斗科学完美结合的，为专业军事院校学员与广大军事爱好者提供了一本不可多得的参考资料。

Original Japanese title: SENJUTSU NO HONSHITSU
by Hiroaki Kimoto
Copyright © 2017 Hiroaki Kimoto
Original Japanese edition published by SB Creative Corp.
Simplified Chinese translation rights arranged with SB Creative Corp.
through The English Agency (Japan) Ltd. and Shanghai To-Asia Culture Co., Ltd.

北京市版权局著作权合同登记 图字：01-2020-0388号。

## 图书在版编目（CIP）数据

战术的本质 /（日）木元宽明著；肖传国译.
—北京：机械工业出版社，2021.1（2024.4重印）
ISBN 978-7-111-67382-8

Ⅰ.①战… Ⅱ.①木… ②肖… Ⅲ.①战术学 Ⅳ.①E83

中国版本图书馆CIP数据核字（2021）第017629号

机械工业出版社（北京市百万庄大街22号　邮政编码100037）
策划编辑：苏　洋　　　责任编辑：苏　洋
责任校对：梁　倩　　　责任印制：李　昂
北京瑞禾彩色印刷有限公司印刷

2024年4月第1版·第5次印刷
145mm×210mm·5.5印张·148千字
标准书号：ISBN 978-7-111-67382-8
定价：59.00元

电话服务　　　　　　　　网络服务
客服电话：010-88361066　　机　工　官　网：www.cmpbook.com
　　　　　010-88379833　　机　工　官　博：weibo.com/cmp1952
　　　　　010-68326294　　金　书　网：www.golden-book.com
封底无防伪标均为盗版　　　机工教育服务网：www.cmpedu.com

# 前　言

1968年4月，日本陆上自卫队干部候补生学校（位于日本福冈县久留米市）的战术教官动情地说道："哥哥，还是丰田景色好！"我听了大吃一惊。这句话其实是"23、168、140、114"的双关语[一]。

这组数字表示当时日本陆上自卫队主力火炮的最大射程：155毫米口径加农炮是23千米，203毫米口径榴弹炮是16.8千米，155毫米口径榴弹炮是14千米，105毫米口径榴弹炮是11.4千米。

初次学习战术的学生必须从记忆武器的相关数据开始接受战术教育。

战术有"守""破""离"三个阶段。

"守"要从记忆、模仿开始，是战术学的基础阶段。

"破"能将知识转化为实践。在实际指挥中通过不断摸索，反复验证，从所谓的初级战术上升至应用战术阶段。

"离"就是随心所欲地运用战术，好比囊中取物，但在现实中要达到该阶段是极其困难的。

---

[一] 该组数字的日语读音与上句话相近。　——译者注

我虽与战术打交道已达半个世纪，但还只是处于在"破"和"离"之间游离的阶段。

我想起了教官的教导："必须终身勤奋学习，才能将战术学到手，并最终把它化为自己的常识。"一想到这，我顿觉路漫漫其修远兮，吾将上下而求索。这次撰写《战术的本质》，我决定回到"守"的阶段来写战术的基础。我的学长曾一语道破：战术教育的起点也是终点。

本书共由5章构成，前4章充分解析作战不限于攻击、防御等单一行动，而是各种战术行动的复合体。分析经典战例有助于读者理解之前的内容，因此设置了第5章。

我坚信，战术与管理学是同根同源。大家经常争论：管理学是属于艺术还是属于科学？从这种角度来谈论战术，其本质将迎刃而解。

为了充分展示本书的特点，我对排版进行了精心设计：左页面为文字介绍，右页面为图表；将敌对的两个部队用红、蓝两种颜色表示。

战术中也存在"不易流行"㊀这一哲学理念，既有"变"，也有"不变"。本书参考了很多美国陆军《野战手册》的内容，理由如下：

（1）《野战手册》一般是公开信息，便于参考。

（2）美军会随着国际局势的剧烈变化而迅速转变理念，同时更新各种手册。采用最新手册资料，可以把握最新战术。

---

㊀ "不易流行"这一理念，出自日本俳句大师松尾芭蕉，其核心价值就是减法美学。不易，即世易时移亦始终不改的本质；流行，是跟随时代不断演变的创新。不易与流行看似矛盾，然而两者在根本上却是相互联系在一起的，把两者结合在一起更是一种理想的状态。——译者注

（3）手册不仅是教令，更是战术说明书，适合用于战术的基础学习。

（4）高级阶段的手册，军事与管理学的界限几乎为零，用途更为广泛。

最后，如果本书能有助于提高大家对战术的关注度，准确理解军事和防卫问题，那将是笔者的荣幸。

木元宽明

# 目 录

前 言

**第1章　作战原则** · · · · · · · · · · · · · · · · · · · · · · · · · · 11

　　作战原则 · · · · · · · · · · · · · · · · · · · · · · · · · · · · · · · 12

　　目标 · · · · · · · · · · · · · · · · · · · · · · · · · · · · · · · · · · · · 14

　　进攻 · · · · · · · · · · · · · · · · · · · · · · · · · · · · · · · · · · · · 16

　　集中 · · · · · · · · · · · · · · · · · · · · · · · · · · · · · · · · · · · · 18

　　节约兵力 · · · · · · · · · · · · · · · · · · · · · · · · · · · · · · · 20

　　机动 · · · · · · · · · · · · · · · · · · · · · · · · · · · · · · · · · · · · 22

　　统一指挥 · · · · · · · · · · · · · · · · · · · · · · · · · · · · · · · 24

　　警戒 · · · · · · · · · · · · · · · · · · · · · · · · · · · · · · · · · · · · 26

　　奇袭 · · · · · · · · · · · · · · · · · · · · · · · · · · · · · · · · · · · · 28

　　简洁 · · · · · · · · · · · · · · · · · · · · · · · · · · · · · · · · · · · · 30

　　**聚焦** 古斯塔夫二世·阿道夫的野战炮 · · · · · · 32

**第2章　作战基础** · · · · · · · · · · · · · · · · · · · · · · · · · · 33

　　战斗力① · · · · · · · · · · · · · · · · · · · · · · · · · · · · · · · 34

　　战斗力② · · · · · · · · · · · · · · · · · · · · · · · · · · · · · · · 36

　　战斗力③ · · · · · · · · · · · · · · · · · · · · · · · · · · · · · · · 38

　　战场地形 · · · · · · · · · · · · · · · · · · · · · · · · · · · · · · · 40

　　战场气象 · · · · · · · · · · · · · · · · · · · · · · · · · · · · · · · 42

　　情报① · · · · · · · · · · · · · · · · · · · · · · · · · · · · · · · · · 44

情报② · · · · · · · · · · · · · · · · · · · · · · 46
保持战斗力 · · · · · · · · · · · · · · · · · · 48
兵站① · · · · · · · · · · · · · · · · · · · · · · · 50
兵站② · · · · · · · · · · · · · · · · · · · · · · · 52
兵站③ · · · · · · · · · · · · · · · · · · · · · · · 54
卫生① · · · · · · · · · · · · · · · · · · · · · · · 56
卫生② · · · · · · · · · · · · · · · · · · · · · · · 58
人事服务 · · · · · · · · · · · · · · · · · · · · · 60
指挥自动化系统① · · · · · · · · · · · · · 62
指挥自动化系统② · · · · · · · · · · · · · 64
**聚 焦** 来复枪 · · · · · · · · · · · · · · · · · 66

## 第3章　战斗的科学 · · · · · · · · · · · · 67

进攻的方式 · · · · · · · · · · · · · · · · · · · 68
迂回 · · · · · · · · · · · · · · · · · · · · · · · · · 70
包围① · · · · · · · · · · · · · · · · · · · · · · · 72
包围② · · · · · · · · · · · · · · · · · · · · · · · 74
突破理论 · · · · · · · · · · · · · · · · · · · · · 76
突破 · · · · · · · · · · · · · · · · · · · · · · · · · 78
渗透 · · · · · · · · · · · · · · · · · · · · · · · · · 80
徒步行军 · · · · · · · · · · · · · · · · · · · · · 82
接敌行进 · · · · · · · · · · · · · · · · · · · · · 84
遭遇战① · · · · · · · · · · · · · · · · · · · · · 86
遭遇战② · · · · · · · · · · · · · · · · · · · · · 88
防御① · · · · · · · · · · · · · · · · · · · · · · · 90
防御② · · · · · · · · · · · · · · · · · · · · · · · 92
防御③ · · · · · · · · · · · · · · · · · · · · · · · 94
防御④ · · · · · · · · · · · · · · · · · · · · · · · 96

战斗力的转换点.....................98
　　进攻方的策略①....................100
　　进攻方的策略②....................102
　　防御方的策略.....................104
　　撤退..........................106
　　各个击破①......................108
　　各个击破②......................110
　　各个击破③......................112
　　互相支援.......................114
　　联合作战.......................116
　　**聚焦** 蒸汽机性能的提高.............118

## 第4章　战斗的艺术——指挥官的决断........119

　　旅部的参谋组织....................120
　　有关决策的理论....................122
　　步骤1：接受任务...................124
　　步骤2：分析任务...................126
　　步骤3：拟定行动方针①...............128
　　步骤3：拟定行动方针②...............130
　　步骤4：分析行动方针................132
　　步骤5：比较行动方针................134
　　步骤6：确认行动方针................136
　　步骤7：制订计划和下达命令............138
　　危险系数评估.....................140
　　情报评估.......................142
　　METT-TC.......................144
　　**聚焦** 内燃机的发明...............146

## 第5章　艺术与科学的叙事诗——经典战例 · · · · · · · · 147

- 各个击破战例① · · · · · · · · · · · · · · · · · · · 148
- 各个击破战例② · · · · · · · · · · · · · · · · · · · 150
- 空地一体战 · · · · · · · · · · · · · · · · · · · · · 152
- 美国南北战争 · · · · · · · · · · · · · · · · · · · · 154
- 鸟羽、伏见之战 · · · · · · · · · · · · · · · · · · · 156
- 梦幻的"1919年计划" · · · · · · · · · · · · · · · · 158
- 阿莱西亚战役 · · · · · · · · · · · · · · · · · · · · 160
- 内线作战 · · · · · · · · · · · · · · · · · · · · · · 162
- 外线作战 · · · · · · · · · · · · · · · · · · · · · · 164
- 隆格角夜战 · · · · · · · · · · · · · · · · · · · · · 166
- 苏奥穆斯萨尔米战役 · · · · · · · · · · · · · · · · · 168
- 北非战场 · · · · · · · · · · · · · · · · · · · · · · 170
- 日本品川炮台 · · · · · · · · · · · · · · · · · · · · 172

# 第 1 章

# 作战原则

　　作战原则不是核对清单,而是要根据千变万化的情况灵活运用。墨守成规地套用作战原则不能保证成功,但脱离作战原则,将会加大失败的风险。作战原则是在理论联系实际的基础上诞生的决定性环节,它会使战术在创造性层面更加严密。

——美国陆军野战手册 FM3-90《战术》

# 作战原则
## 作战应该遵守的基本常识和原则

有"现代管理学之父"之称的彼得·德鲁克高度评价了美军的各种制度。他提出:"在充满危险和不确定性的数千年历史中,军队孕育了无数智慧,它们大多也可以在军队以外的机构发挥作用。"

我确信,德鲁克所说的智慧就是指作战原则。**作战原则(Principles of War)**,是从人类有据可考的数千年来的战争和斗争历史中归纳、提炼的原则。

德鲁克又断言:"违背基本常识和原则者,无一例外必将失败。"作战原则虽然不是数学定理和公式,但可以说它是带有社会科学性质的智慧。

虽然作战原理和原则自古就存在,但将这些作为原则确立下来的,是前英国陆军少将富勒。富勒以作战原则的创始人而闻名,他将本来为"暗默知"[一]的作战原则演化为任何人都可以学习的"形式知"。

作战原则发源于英国,演化于美国,第二次世界大战后传入日本。美国陆军及日本陆上自卫队的基准教材由9项作战原则构成。

本章主要参考美国陆军2008年版的《作战行动》,对作战原则的精髓作介绍。

---

[一] 所谓的"暗默知"就是不能明确表现出来的知识,相对应的是"形式知",是指用标准等被表现出来的知识。 ——译者注

■ 新旧作战原则比较

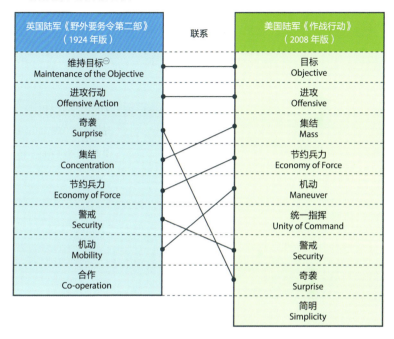

| 英国陆军《野外要务令第二部》<br>（1924 年版） | 联系 | 美国陆军《作战行动》<br>（2008 年版） |
|---|---|---|
| 维持目标⊖<br>Maintenance of the Objective | | 目标<br>Objective |
| 进攻行动<br>Offensive Action | | 进攻<br>Offensive |
| 奇袭<br>Surprise | | 集结<br>Mass |
| 集结<br>Concentration | | 节约兵力<br>Economy of Force |
| 节约兵力<br>Economy of Force | | 机动<br>Maneuver |
| 警戒<br>Security | | 统一指挥<br>Unity of Command |
| 机动<br>Mobility | | 警戒<br>Security |
| 合作<br>Co-operation | | 奇袭<br>Surprise |
| | | 简明<br>Simplicity |

富勒（1878—1966）英国军事理论家和军事史学家，他所创造的"机械化战争论"在坦克发祥地英国被忽视了，却被德国认真研究，在闪电战中大放异彩。第一次世界大战后的 1924 年，英国陆军接受富勒的建议，在《野外要务令第二部》中正式采用了 8 条作战原则。美国陆军在第一次世界大战后公布了最早的作战原则，之后在进行分析、实验以及实战验证的基础上微调，正式确立为 9 条作战原则。

来源：网络

---

⊖ 维持这里指为保持部队处于随时可能执行任务的状态而采取的全部补给与维修行动。
——编者注

# 目标
## 要树立目的和目标,并尽力追求它

> 所有军事行动,不能是模糊的,要制定清晰的、关键的且能够达成的目标。

目标原则是所有军事行动的原动力。在作战和战术层面上,通过确立目标,集部队一切行动于达成上级指挥官提出的目标。

在执行任何任务时,士兵们都必须明确理解指挥官所期待的结果和效果。当然,战斗力不是无限的,而是有限的,指挥官也不可能应对所有情况。

必须避免与达成目标无关的行动。目标明确后,指挥官就可将战斗力集中到最重要的任务上。明确的目标还可提高每个人的主动性。

指挥官通过强调所期待的结果,使他所指挥的各个部队必须达成的目标变得非常明确。

一般来说,目的表达抽象概念,目标表达具体概念,而在本原则中,目的和目标则表示整体与个体或者上与下的关系。

目标源于目的,确立目的是制定目标的前提,即假设达成目的A的目标为B,达成目的B的目标为C,那么A与B、B与C的关系均为目的与目标的关系。

## 瓜达尔卡纳尔岛战役（1942年8月—1943年2月）

为了达成占领日本本土这一战争目的，美军将瓜达尔卡纳尔岛战役定位为对日反攻的第一步，确立了必须占领瓜达尔卡纳尔岛这一作战目标，创造了水陆两栖作战的新战术，断然实行了登陆作战。

被突袭的日本军队未能进行综合的研究和探讨，日本陆军和海军没有配合，分别应对美军的登陆，结果惨败，日本损失了大量的兵力、飞机和军舰。其原因就是日军总部没有明确的作战目的，也没有具体的作战目标。

在瓜达尔卡纳尔岛战役中触礁的日本运输船"鬼怒川号"。

来源：美国海军历史和遗产司令部

# 进攻
## 争夺主导权，使敌人任我摆布

> 要争夺、维持并扩大主动权。

　　进攻不是鼓励形式上的进攻行动，而是要以主动的态度向敌人强烈灌输我方意志，即进攻不是形式上的原则，而是态度上的原则。《野外要务令》称其为"主动原则"。

　　在作战和战斗中达成决定性成果的最切实的方法，就是从敌人手中争夺、维持主动权（主导权），并使之扩大。

　　所谓争夺主动权，就是将我方作战的性质、范围和进展速度强加给敌人。通俗地说，就是使敌人任我摆布（使敌人追随我）。

　　　"因为我这样做，所以使敌人也这样做。"
　　　　　　　　　　　　——普鲁士军总参谋长毛奇将军

　　战争是敌我意志的较量。胜败的关键是使敌人的指挥官的意志屈服。各级指挥官必须在各自的立场发挥主导权，向敌人强烈灌输我方意志，掌控全局。

　　要争夺、维持并扩大主动权，这一切对于作战成功，确保我方行动自由十分重要。并且，通过保持主动权，指挥官还能有效应对突发情况。

## 奥斯特里茨战役（1805年12月）

在这场战役中，拿破仑缜密地绘制攻防图，按照作战计划，指挥法军诱敌深入，断然决战。成败的关键是法军放弃普拉岑高地。奥斯特里茨战役的胜利是拿破仑卓越的战略战术与按他计划行动的精锐部队两者密切配合的杰作。

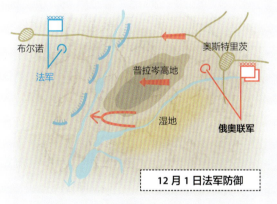

拿破仑指挥法军故意放弃战术要地普拉岑高地，在西部高地构筑了防御阵地。

俄奥联军占领普拉岑高地，进攻法军右翼地区，法军以主力反击，将俄奥联军切断，痛击了俄奥联军。

# 集中
## 战斗力与兵力的平方成正比

> 要把战斗力的效力集中于关键的时间和地点。

为了达成破坏性的成果或建设性的成果，指挥官要把战斗力的效力集中于关键的时间和地点。但是战斗力的效力不是无限的，而是有限的。

作战可以说是双方的战斗力对于决胜点的集中竞争。为了在集中竞争中获胜，应该在敌方采取措施之前将其制伏。

所谓集中时间，是指同时对多个关键地点投入战斗力。

所谓集中地点，是指对一个地点（决胜点）投入战斗力。这是陆地决战的关键，自古以来一直倍受重视。

无论是集中时间还是集中地点，都能压制对手或掌控全局。指挥官必须选择最适合当前情况的方法，最大限度地利用有限的战斗力去争取胜利。

兰彻斯特（Frederick William Lanchester）的作战理论将两军的兵力消耗公式化了，涉及的是以综合战斗力作战的近代战争，它证明战斗力与兵力的平方成正比，兵力越集中就越能形成压倒性优势㊀。也就是说，即便整体居于劣势，但如果在决胜点确保优势，即可取胜。

---

㊀ 本文提到的是兰彻斯特平方律即在近距离交战时，任一方实力与本身数量的平方成正比。

——编者注

## 第1章 作战原则

■ 朝鲜战争中美军("联合国军")地面兵力投入速度(1950年)

```
9个师                                          第三步兵师
8个师
7个师   中  中  中                  第一海军陆战队师
6个师   型  型  型                  第七步兵师
5个师   坦  坦  坦
        克  克  克       英国第七步兵旅
4个师   大  大  大   第二步兵师
  3.5   队  队  队
3个师 英 1 3 2    第一海军陆战队旅
      寸 个 个 个    第五战斗团
      火           第二十九步兵团
2个师 箭           第一步兵师
      筒
1个师          第二十五步兵师
        第二十四步兵师
         7月      8月      9月      10月
```

来源: 木元宽明著《"联合国军"教范"野外要务令"所教授的战场方程式》(加边书房,2011年)

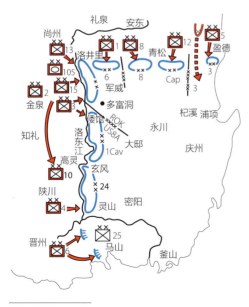

红:朝鲜人民军
蓝:"联合国军"

Cap:首都防卫师
ROK:韩军
US8A:美国第8军
1Cav:第1骑兵师

釜山战役(1950年8-9月)是朝鲜战争初期的关键战役。朝鲜人民军以势如破竹之势南下,在釜山桥头堡与进行防御的"联合国军"进行了激烈战斗,最后"联合国军"胜利。1950年9月15日,"联合国军"断然实行仁川登陆作战,截断朝鲜人民军的后方补给线和退路,使朝鲜战争局势急转直下。

⊖ 1英寸=0.0254m。

## 节约兵力
### 欲守住全部者，将失去全部

> 在次要战场正面，要配置最小限度的必要战斗力。

节约兵力与上一节集中正相反。本原则强调将有限的战斗力有效地运用到目的、目标上，在《野外要务令》中称为"经济原则"。

通过在次要战场正面配置最小限度的必要战斗力，指挥官可以将战斗力集中于主要战场上。这是预判中允许的风险，而在作战中风险是不可避免的。

进攻时，指挥官在主要战场（主攻）正面要配置最大限度的战斗力，次要战场（副攻）正面要配置最小限度的必要战斗力。允许副攻部队冒风险，但同时要通过积极果断的行动最大限度地支持主攻部队。

防御时，如果所有战场都配置部队，则会进一步拉大各战场与敌人相对战斗力的差距，结果将导致所有战场失败。防御部队指挥官必须将战斗力集中于最重要的战场，其他战场要果断舍弃。

孙子曰："无所不备，则无所不寡。"还有一句箴言：欲守住全部者，将失去全部。所以节约兵力的宗旨是：切忌无目的用兵，即不可制造游兵（对作战和战斗目的完全不起作用的部队）。

# 第 1 章 作战原则

■ 作战原则：目标 集中 节约兵力

所有军事行动，不能是模糊的，要指向清晰的、关键的且能够达成的目标。

**目标**

**密切的关系**

**集中**

**节约兵力**

要把战斗力的效力集中于关键的时间和地点。

在次要战场正面，要配置必要的、最小限度的战斗力。

# 机动
## 要将所有战斗力配置于决胜战场

> 要灵活运用战斗力，置敌人于不利。

美国陆军将战斗力定义为"参与作战的部队在完成任务所需的时间内，能应对任何状况的破坏力量、建设力量和情报力量的总和"。

在战斗力的要素中含有6个战斗功能——转移机动、作战情报、火力、保持战斗力、任务指挥、防护，再加上领导力和态势感知能力两个要素，也就是说，战斗力是由8个要素构成的合力。

效果好的机动，通过集中或分散战斗力来打破敌人的平衡，使敌人无法立即应对这些新问题和新威胁。

狭义上来说，机动是指："在战斗中为了占据有利地形而进行的部队移动"。这样定义是没问题的，但本原则内涵更加广泛，甚至还包括精神层面的灵活性。

本条原则是种积极的思想（思维方式），与进攻第一和刺刀冲锋等教条完全不同，它要求指挥官要把现有的全部战斗力都投入战争目的和目标的达成。

机动包含所有对战斗力8个要素动态的、灵活的应用，它要求指挥官灵活地思考、灵活地计划和灵活地作战。

古德里安的闪电战和隆美尔使用的众多变化莫测的战术，都是从形而上（抽象、无形）的机动中诞生的。

第 1 章 作战原则

有"沙漠之狐"之称的隆美尔将军。隆美尔将军的作战指挥体现了机动原则。

来源：网络

# 统一指挥
## 军队指挥官如同管弦乐队的指挥

> 部队要在一个有责任心的指挥官的指挥下,统一朝着所有目标努力。

统一有两个方面,一个是字面上的指挥一元化,另一个是部队整体的形而上和形而下的统一。当将一个指挥官所需要的权限——指挥及控制功能赋予他时,就容易统一了。拿破仑说过:"宁愿要一个平庸的将军带领一支军队,也不要两个天才同时领导一支军队。"所谓"统一指挥",就是一个指挥官将部队所有行动调度至共同目标。赋予一个指挥官所需要的权限,是统一部队整体形而上和形而下活动效果的最佳方法。

> "经理的工作如同管弦乐队的指挥,在管弦乐中,通过指挥的行动、想象和指导,各部分被整合为一个整体,奏出生动的音乐。"
>
> ——彼得·德鲁克

无论多么优秀的管弦乐队,如果指挥水平不高,演奏什么名曲也不会给观众带来感动。一个优秀的指挥,能最大限度地发挥每个演奏者的能力,整合完成一支完整的管弦乐。

此时,演奏者超越了独立的个体,成为管弦乐队有机整体的一部分。军队也是一样,军队的指挥官就如同管弦乐队的指挥。

# 第 1 章 作战原则

军队的指挥官如同管弦乐队的指挥。照片为日本陆上自卫队第 12 旅团第 12 乐队。

来源：日本陆上自卫队

参加日本陆上自卫队第 7 师团阅兵式的第 71 坦克营。右二为作者。

# 警戒
## 防止奇袭，确保己方行动自由

> 绝对不能给予敌人预想外的机会。

警戒就是保护和维持战斗力（转移和机动、作战情报、火力、保持战斗力、任务指挥、防护、领导力和态势感知能力），是部队和机关为自我防护而采取的各种手段，主要针对敌人的奇袭、干扰、破坏活动、寻衅以及监视和侦察。

本原则的本质在于确保己方行动的自由。现代战争的战场已经扩大到被称为第五战场的网络空间，敌人也从正规军扩大到个人，战线变得模糊了。

日本的《野外要务令》将本原则称为保全，二者的本质是一样的，但这种说法给人以被动的印象。另外，保全一词还有一种强烈语感：防止在战场这种特定区域的奇袭。

在当今世界，宇宙空间中布满了监视和侦察网络，网络空间战已经爆发，恐怖事件在世界各地频发，日本自卫队的国外活动已经常态化。鉴于这种情况，日本自卫队有必要转换意识，从被

动的保全转向主动的警戒。

2015年4月22日,日本政府在首相官邸楼顶上发现了一架小型无人机(无驾驶员的靶机),该机在首相官邸楼顶降落停留了近两周时间。这一事件让全世界了解到日本中枢警备的薄弱,成了世界的笑柄。预判到意料之外之事,不给予敌人和敌对势力机会,这就是警戒的本质。

日本有报道称,"无人机是个玩具,没任何作用"。但本次事件的本质是日本中枢警备安保部门欠缺警戒心,被偷袭近两周时间还没人发现,这足以给日本社会的现实情况敲响警钟。

来源:日本时事通讯社

# 奇袭
## 出其不意，这是奇袭的本质

> 对敌人发动奇袭就是要在时间和空间范围内，
> 攻其不备，出其不意。

奇袭是与警戒相对的原则。奇袭会在精神上给敌人以巨大打击，在敌人对我方行动没有做好应对准备时实施，但它只能暂时增加作战效果。

奇袭重要的不是让敌人无法预知将要发生什么，而是让敌人意识到来不及采取有效的应对措施，无暇应对。

奇袭成功的因素有：速度、作战计划保密及非对称作战能力。

奇袭中最重要的是不给敌人留下应对的时间。为此，必须迅速扩大出其不意的成果，达到预期目标。以"迅雷不及掩耳之势"行动，这是制胜的关键。

作战计划保密是指不能让敌人了解我方底细。出其不意向敌人发起攻击，这是奇袭的本质。

装备了最新式现代武器的美军，未能在越南战争中获胜。即便在近几年的低烈度冲突（LIC）中，使用旧式RPG-7火箭筒在非对称作战中对现代坦克发起奇袭，成绩也相当优异。

## 第 1 章 作战原则

■ 战争史上奇袭的例子不胜枚举

| | |
|---|---|
| 时间上的奇袭 | ● 夜袭、晨袭<br>● 周末、节假日开战——偷袭珍珠港、第四次中东战争 |
| 场所的奇袭 | ● 穿越阿尔卑斯山——汉尼拔·巴卡（拉丁语：Hannibal Barca）、拿破仑 |
| 气象的奇袭 | ● 俄罗斯的冬季——拿破仑军队、德国军队<br>● 基斯卡岛战役——利用海雾 |
| 战术上的奇袭 | ● 长篠合战——火枪兵用步枪连续射击骑兵<br>● 闪电战——坦克和俯冲轰炸机的协同作战<br>● 水陆两栖作战——美国海军陆战队登陆瓜达尔卡纳尔岛<br>● 直升机作战——越南战争中的美军<br>● 夜视装置的使用——马尔维纳斯群岛战争、海湾战争<br>● LIC 的非对称作战——游击战、恐怖袭击 |
| 技术上的奇袭 | ● 第一次世界大战中坦克的出现<br>● 第二次世界大战中原子弹的运用 |
| 空间上的奇袭 | ● 宇宙空间的利用——太空飞船、导弹防御<br>● 利用人造卫星进行情报收集、警戒和监视<br>● 第五战场——网络空间 |

越南战争中美军使用了大量直升机。照片是 1970 年美军从柬埔寨、老挝边境秘密运送部队时拍摄的。
来源：美国空军

## 简洁
### 简洁最佳

> 要准备明确、不复杂的计划，
> 明确而简洁的命令，受命者更易理解。

"敌我双方在战场上连续犯错是常态，但少犯错者会取得最后胜利。"这是自古流传下来的描述战争本质的古训。本原则就是基于对这一古训本质的深邃洞察而衍生出来的。

毫无歧义的、简明的计划，简洁而又明确的命令，不会引起受命者和受命部队的误会，可以避免混乱。因此，部队严格规定了军事用语的定义、符号和记号等，让全军贯彻执行。

符合时宜的简明计划优于不合时宜的详细计划。指挥官必须将重点置于与时俱进的、简洁的思维方式上，而不是令下级部队无法理解的、难以执行的复杂作战构想。

人们常说：简洁的是最好的。比如舰队的基本队形为单纵阵，即一条直线的队形。单纵阵虽然简洁，但能够应对各种状况的变化，是个坚韧而柔软的队形。

军队重视基本训练。基本训练也被称为规律性训练，是部队行动的精髓。毫无疑问，基本训练完成好的部队是精锐部队，空降部队就是典型例子。

> "除包围战外所有作战的成功秘诀，在于超越理论的主动性。因此，作战计划必须简洁且有弹性。此外，必须赋予指挥官可以发挥主动性的余地，同时还要让全体官兵完全知悉基本作战方针，并常备预案。"
>
> ——富勒《野外要务令第三部》

第 1 章　作战原则

参加金色眼镜蛇演习的日本陆上自卫队第 1 空降团队员。这是日本唯一一支伞兵部队,是通过空降来阻止外来入侵的精锐部队。

来源:美国海军陆战队

## 聚焦 古斯塔夫二世·阿道夫的野战炮
### 野战战术鸟枪换炮了!

1630年,在瑞典国王古斯塔夫二世·阿道夫倡导的兵制改革下,具有革命意义的野战炮诞生了,在发射炮弹后它能在很短的时间内迅速发射下一枚炮弹,富有野外机动性。

这种野战炮出奇地轻便,是铸铁4磅○炮,重225千克,因此,2匹马就可牵引,3个士兵就可射击,并且提高了发射速度。

这种野战炮在瑞典诞生后,迅速传到了德国、法国、匈牙利,彻底改变了陆战战术。

古斯塔夫二世·阿道夫的野战炮。

---

○ 1磅≈0.45千克,此处4磅指炮弹重量。 ——编者注

# 第 2 章

# 作战基础

胜利的关键在于综合有形无形的各种战斗力要素,使优于敌军的力量集中发挥于重要战役,即集中优势兵力打歼灭战。

——《作战要务令》

# 战斗力①
## 有人批评拿破仑"不懂战术"

在拿破仑叱咤风云的18世纪末至19世纪初,陆军主要由步兵、炮兵及骑兵3个兵种组成,部队转移主要靠徒步行军。

拿破仑的战术是:一天行军25英里(1英里≈1.609千米),投入战斗,之后整队宿营。时任拿破仑参谋的约米尼说:"我只懂这一种战斗方法。"(约米尼著《战争艺术概论》)

众所周知,拿破仑非常重视"动能定理""$K=(1/2)mv^2$"在战争中的应用。即军队的战斗力($K$),与兵力($m$)和行军速度($v$)相关,所以他格外重视行军速度。

即便重视行军速度,比敌军提前到达战场,如果兵力整体处于劣势,也不能打赢战争,除非敌军出现失误。因为在拿破仑率兵之前的战争都是将兵力一字排开,从正面与敌方冲锋。兰彻斯特第一线性律描述的战斗就是如此。

拿破仑则摒弃这种陈旧的线式战术,转为纵队战术——一种可更有效发挥战斗力的战术。同时他强调,行军虽然只是部队转移的方式,但却是发挥战斗力的决定性因素,即抢在敌军之前到达据点,趁着敌军立足未稳,以纵队战术突袭并击溃敌军。在曼图亚争夺战中的各个击破战例就源自这种革命性战术,这也是令拿破仑名声大振的成名战。拿破仑也因此被当时欧洲各国的守旧派将领批评"不懂战术"。

■ 拿破仑的作战方式

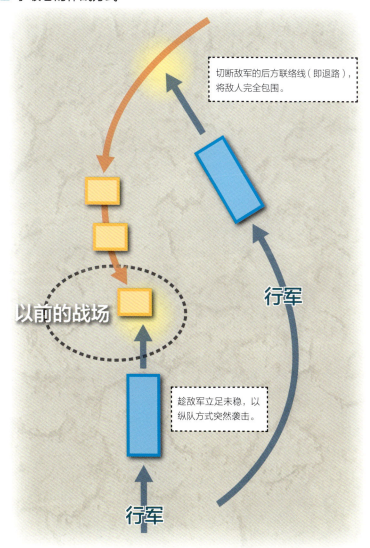

以前的战争,敌我双方都是尽力将军队横向一字展开,从正面攻击。拿破仑统率法军时,通过快于敌军的行军速度灵活调动部队,趁着敌军尚未站稳脚跟,以卓越的机动能力袭击敌人。而且,在预定战场实施迂回,切断敌军退路,对敌军形成完全包围态势。拿破仑的作战方式是战术的一大革新。

# 战斗力②
## 战斗力的使用原理是集、散、动、静

秋山真之是对马海战（1905年5月）时日本联合舰队的参谋，也是首屈一指的日本海军战术家。在日俄战争前后，秋山真之作为战术教官为日本海军大学优秀学生授课的内容被整理为《海军基本战术第二编》。

秋山真之将战争的三大要素归纳为时间、地点、能力，他认为能力最重要，其次是地点，最后是时间。即在战争中首先要着眼于兵力的优劣，其次考察地点的利弊，最后再考虑时间是否恰当。

所谓能力就是指战斗力，无论是有形的还是无形的，都可以人为创造。战斗力是战争的关键，这是不言而喻的，但是陆地作战很大程度上受地点和时间的影响，这也是事实。

简要地说，战术的关键是战斗力、地点、时间这三大要素之间的平衡。比如战斗力不足时，可以利用地点或者时间来弥补；如果时间不足，可以通过地点或者战斗力的优势来补足。

因此，战争的关键是如何使用战斗力。战争是力量与力量之间的抗争，在地点和时间相同的条件下，调配集、散、动、静4个要素，强者胜，弱者败，这就是战争优胜劣败的道理。

右图所示为战斗力的集、散、动、静原理。即使兵力处于劣势，如果在决胜点创造有利条件，也能转败为胜。选择最佳的集、散、动、静组合，创造条件取得胜利，这就是指挥官的战术能力。

# 第 2 章 作战基础

■ 战斗力的状态及用法

| 战斗力 | 集 | 集中会增强战斗力 |
|---|---|---|
| | 散 | 分散会减弱战斗力 |
| | 动 | 运动会强化战斗力 |
| | 静 | 静止会削弱战斗力 |

集中兵力，则战斗力最为强大。集与动的战术行为就是进攻，也是打败敌人的最佳手段。反之，防御就是散与静的战术行为，当然也不利于发挥战斗力。在决战时刻，如何组合集与动是战争胜负的关键。

秋山真之，在对马海战中任日本联合舰队参谋。
来源：秋山真之会《秋山真之》

37

# 战斗力③
## 构成战斗力的要素

战斗力包括有形要素和无形要素。

有形要素包括兵力数量以及武器数量和质量等。从某种程度上说，有形要素是可以根据数值计算的，是构成战斗力的基础。

无形要素包括部队士兵个人及团体的身体能力和心理能力，而指挥官的指挥能力及部队的纪律、士气、团结、训练等因素会给战斗力带来多大影响，这是无法用数值来体现的。

为了战胜在装备方面处于优势的敌人，曾经的日本陆军十分重视优良的训练、必胜的信念、严明的军纪、昂扬的斗志等精神方面的无形要素。但是，第二次世界大战已经证明，在现代战争中，只偏重无形要素是行不通的。

在越南战争中，美军拥有大量的装备，在有形要素方面占有压倒性优势，但却没能打赢越南，这对美国来说是一次沉痛的教训。

> 胜利的关键在于，综合有形无形的各种战斗要素，使优于敌军的力量集中发挥于重要战役。即集中优势兵力打歼灭战。
> ——《作战要务令》

这是通用的原则。第二次世界大战的教训之一就是要在无形要素和有形要素之间达成平衡。

当代美国陆军的战术是在构筑战斗力的8个要素中，灵活运用领导力和态势感知能力，并与其他6个战斗功能相结合，从而发挥战斗力。

## 第 2 章 作战基础

■ 构成战斗力的 8 个要素

| | | |
|---|---|---|
| 领导力 | | 领导力可以形成健全的作战思想、维护部队纪律、强化所有战斗力要素。 |
| | | ● 领导力可以提高战斗力,统合各种战斗功能,使之一体化。<br>● 优秀的领导力可以补足所有战斗功能的缺陷,反之,拙劣的领导力则会削减战斗功能的优势。 |
| 态势感知能力 | | 这是有关知己知彼的广义概念,是作战环境中的重要一环。 |
| | | ● 作战成败的决定性要素。<br>● 所有士兵要通过作战图来了解战争现状,各级指挥官要能通过各种通信手段来迅速判断战况。 |
| 战斗功能 | 转移机动 | 占领有利阵势,根据敌军状况调动部队,布置任务,调试系统。 |
| | | ● 转移和机动的区别为是否动用武器。 |
| | 作战情报 | 促进理解作战环境、敌军、地形、气象、平民因素。 |
| | | ● 包含指挥官命令执行的 ISR(情报、监视、侦察)。<br>● 一般的情报活动过程是:情报资料的搜集与分析,查明敌情等。 |
| | 火力 | 统一、调整并实施与目标情报过程一体化(搜集、处理、传达)的间接火力、统合火力以及导弹防御等。 |
| | | ● 为了恰当地发挥火力的作用,关键是要考虑预期效果、己方能力、时间和资源,使作战情报与目标情报过程一体化。 |
| | 保持战斗力 | 确保行动自由,扩大作战范围,增强持续性。 |
| | | ● 维持战斗力的能力,决定作战范围和期限。<br>● 要维持战斗力,需提供兵站、人事服务和健康服务支援。 |
| | 任务指挥 | 统合其他 5 个战斗功能。 |
| | | ● 在指挥艺术和科学领导之间保持平衡。<br>● 指挥官带头,参谋支持。 |
| | 防护 | 保卫部队(人、物),使战斗力发挥到最大限度。 |
| | | ● 包括:部队防护、防空、反导防御、兵员恢复、反恐、部队的健全、反 CBRN⊖、危机管理、危险阻止、未爆炸弹处理、法律和秩序的维持、居民和资源的保护等。 |

参考:ADRP3-0《作战行动》(2016 年版)

⊖ CBRN:化学、生物、放射性物质、核等特殊武器。　——译者注

# 战场地形
## 以"OAKOC"5个要素评价地形

不好意思,请允许笔者我讲一些私事。我已经退休近20年了,但依然保持着以战术眼光观察地形的习惯。比如,走路的时候,即便路只有一点儿倾斜,我也十分小心。从新干线的车窗往外看时,我还会判断这块丘陵是否适合作为战场。

地表上的一切东西都会给战斗带来影响。在战术方面,通常以"OAKOC"5个要素来评价地形。这个评价要素对敌我双方都是通用的。

**视野范围与射击范围(Observation & Field of Fire)**:视野范围会受气象、地形(山脊、植被、人工建筑)等条件的影响;射击范围是指坦克等直射武器以及迫击炮等间接火力的有效范围。

**接近路径(Avenues of Approach)**:是指攻击部队在接近攻击目标或者在到达关键地形之前的路径,包括地面接近路径、空中接近路径以及地下接近路径,地下接近路径在巷战中尤其重要。

**关键地形(Key Terrain)**:指占领后就会产生显著利益的场所、地区或者要完成任务必须控制的作战区域内的地形。

**障碍(Obstacles)**:指阻止敌军部队的移动,使其混乱、停滞、迂回的障碍物。分为自然障碍、人工障碍以及两者结合的障碍,雷场也包括在内。

**掩蔽与隐蔽(Cover & Concealment)**:掩蔽是指对敌人炮火效果的防护,隐蔽是指防备敌人的观察、监视方面的防护。掩蔽与隐蔽效果好的地形会限制敌军的射击范围。

根据部队规模、部队性质(机械化部队、徒步部队等)的不同,这5个要素的影响程度也会发生变化。

## ■ 坦克的射击位置和视野范围与射击范围、掩蔽与隐蔽的关系

车体隐蔽　　　　　　炮塔隐蔽　　　　　　完全隐蔽

- 完全隐蔽位置：我方对敌军直射武器进行掩蔽与隐蔽，但同时自己的视野范围与射击范围也被遮挡。这是一个上佳的安全待机位置，但是不能很好地发挥坦克的战斗力。
- 炮塔隐蔽位置：我方将炮塔下方隐蔽在敌军的直接射击范围之外。车长可以从坦克上方伸出头用望远镜观察敌军。能使用炮塔上部车长一侧的瞄准潜望镜，对准目标进行射击准备，并移动到车体隐蔽的位置进行射击。
- 车体隐蔽位置：我方可在掩蔽与隐蔽车体的状态下用坦克炮射击。虽然炮塔正面暴露在敌人正前方，但是可能中弹的位置是坦克装甲最厚的部位，所以即使遭到攻击，被击毁的概率很小。

图为沿着接近路径向攻击目标前进的坦克和步兵。无论是对于攻击方还是防御方，接近路径都是非常重要的。
来源：日本陆上自卫队

## 战场气象
### 应于薄暮时分接近敌军阵地

"薄暮"这个富有诗意的说法，指的是在日落后第二暮色向第一暮色变化时，随着夜幕降临可见范围也随之变化的现象。

趁着可见距离逐渐变短时接近敌方阵地，当可见距离为零时冲进敌方阵地，这就是所谓的**薄暮攻击**。在日本昭和时代，军队非常重视这个时间段，并将其称为 EENT（End of Evening Nautical Twilight）。

美国陆军和日本陆上自卫队将黎明时可见度迅速变化的时间段称为 BMNT（Beginning of Morning Nautical Twilight），也称为"拂晓攻击""黎明攻击""天亮攻击"等。

由于夜视技术的飞跃发展，夜晚的可见度也越来越高。所以薄暮攻击、拂晓攻击、EENT、BMNT 这些词，现在已经很少有人使用了。

气象是自然现象。虽然夜视装置实现了夜间的白昼化，但还有很多科学技术难以克服的恶劣天气。如雾、雨、雪、沙尘暴等天气都会限制可见度，对战场上所有部队战斗力的发挥造成不良影响。"看不见"会导致人们心理上的不安。巧用这个条件给敌军以突然袭击，就会奇袭成功；反之，放松警惕，就会遭到敌人的偷袭。

"夜间攻击的关键是准备充分，给敌人以突然袭击。"如果把这里的"夜间"一词替换成"低可见度"，那么这个原则在今天也会适用。尽管夜视装置发展迅猛，但是并不会彻底消除"看不见"这个因素。

## 第 2 章 作战基础

■ 黎明攻击、拂晓攻击、薄暮攻击与暮色的关系

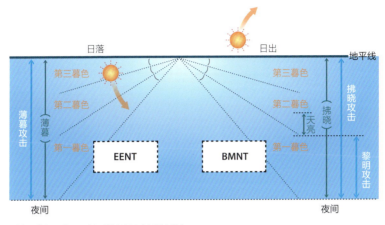

- 第一暮色：能看见地形的起伏和植被的微光。
- 第二暮色：可见距离急速缩小或扩大的时间段，可以说是"昼夜的转换点"，能把这个微妙的时间段用在战术中。
- 第三暮色：可以在没有照明的情况下进行白昼的活动。
- 天亮：方便炮兵观测并射击。

夜视装置的质量高低决定现代夜间战争的胜负。　　　　　　　来源：日本陆上自卫队

43

# 情报①
## 情报不会主动出现

当今是一个情报泛滥的时代，但是真正需要的情报不会自动出现。要想得到真正想了解的情报，就必须把搜集情报的天线延伸到各个方向。

日本陆上自卫队将指挥官最想知道的情报称为信息的基本要素（Essential Elements of Information，EEI），美国陆军则称之为指挥官的关键信息需求（Commander's Critical Information Requirement，CCIR）。

指挥官将作战计划与作战命令中的情报需求，以EEI或CCIR的形式发出，部队的情报搜集系统开始运作，这样就可以集中力量搜集指挥官真正需要的情报。

2011年3月11日，东日本大地震诱发了日本一场史无前例的灾难——福岛第一核电站核泄漏事故。当时执政的日本民主党还没有成立国家指挥机构。

事故发生的第二天，3月12日的早上，时任日本首相菅直人乘坐日本自卫队直升机进入事故现场后，说道："因为受灾地区的情报没有完全上报给我，所以我要亲自视察福岛第一核电站，直接向核电站站长了解情况，为今后的救灾活动制定建设性的对策。"这个行为非常令人疑惑！从组织运营的常识来讲，指挥官只需要把具体的情报需求传达下去，就会得到需要的情报。

日本首相应该做的是：坐镇官邸、运筹帷幄、指示EEI、最大限度地调动包括事故现场等国内外的情报资源，搜集真正需要的情报，制定应对策略。

第 2 章 作战基础

时任日本首相菅直人从直升机上视察灾区。指挥官去现场视察固然重要，但要分时间和场合。指挥官最大的职责是决断，为此应采取何种措施，这是指挥官应该决策的。

来源：日本首相官邸网站

福岛第一核电站受强度六级以上的地震和海啸的袭击，发生了前所未有的灾难——核反应堆堆芯熔化、氢气爆炸、建筑倒塌、放射性物质扩散等。

来源：东京电力公司

45

# 情报②
## 情报资料与情报

Information 和 Intelligence 都可翻译为"情报",但是在军事领域中,前者一般翻译为"情报资料",后者翻译为"情报"。即得到的一手原材料为情报资料,经过加工处理的则为情报。

在上一节中提到了"情报不会自动出现",将搜集的情报资料转化为情报,其中的一系列过程就是情报流程(右图)。简单来说,流程如下:

● 首先,旅长将自己需要的情报以 CCIR 的形式明示出来,比如敌人的防御线在哪里等。

● 旅部的情报参谋(S2)将 CCIR 做成 ISR(情报、监视、侦察)计划,让旅所有相关部队准备搜集。

● 基于 ISR 任务,所有的情报部队、机构(侦察营、军事情报连、步兵营的侦察排、野战炮营的雷达等)开始搜集具体的情报资料。

● 将搜集到的情报资料通过网络,集中到旅部的情报班进行整编。情报班将这些情报资料加工处理,转换为有效情报——如"敌人将某线作为防御线",报告给旅长。

● 旅部依据该情报,开始进入战情判断流程,拟定攻击计划、命令。

情报资料和情报会直接影响指挥官对战争现状的判断,但它们不会自动出现,而是要主动搜集,从中提炼出有效情报。

## ■ 情报流程概要

| | | |
|---|---|---|
| **功能** | 计划<br>Plan | 指确定 CCIR，根据需求决定具体的实行手段等系列活动。<br>● 确立情报通信网，制定 ISR 计划，评价上交的资料等。 |
| | 准备<br>Prepare | 指接受作战计划、命令或指挥官的指示，相关参谋和各级指挥官同时实施的各种活动。<br>● 创建情报组织，检测硬件、软件、通信和网络，确立共同作业及报告顺序，实施情报评估，传达指示等。 |
| | 收集<br>Collect | 指基于 ISR 任务而进行的情报资料的搜集、处理、报告等具体任务。<br>● 将搜集到的原生态情报格式化（胶片显像、视频转换、外语翻译、电子资料的标准化等），并将之制成数据库。 |
| | 提炼<br>Produce | 将通过各种手段从单一或者多种情报资料源新搜集到的情报资料、已经评估判断完毕的情报资料、从上下级部队及非军事机构得来的情报资料及情报等进行综合判断，根据情报要求提炼出适用情报。 |
| **任务** | 情报的知识化<br>Generate Intelligence Knowledge | 给情报参谋提供必要的作战环境知识。这是评估情报、分析任务的基础。<br>● 做成数据包，用于任务分析。这是情报调查（遗漏情报资料的审定、搜集能力的分析和情况变化的应对）的基础。 |
| | 分析<br>Analyze | 根据指挥官的情报要求，相关人员分析情报、情报资料和应解决的问题，处理疑难问题。<br>● 分析有关敌军能力、友军的弱点及战场环境的情报。<br>● 分析应解决的各个问题，判断情报的根本意义、情报来源及相互关系。 |
| | 评估<br>Assess | 为了决策及调整的需要，在作战流程的计划、准备、实施的各阶段，持续监视当时的状况、作战进度及作战成功的可能性。 |
| | 输送<br>Disseminate | 将正确情报及时地分发给必要的人员和单位。<br>● 分发情报是通过指挥系统（无线通信网、电视电话会议、机动控制系统等）、参谋系统（无线情报系统、参谋会议、电视电话会议、陆军指挥系统的特定部门等）、技术系统（火力系统、技术保障系统、情报ISR系统等）等各渠道来进行。 |

参考：FM2-0《情报》

# 保持战斗力
## 作战服务保障旨在保持和提高战斗力

指挥、战斗、支援是一线机动部队发挥战斗力不可或缺的3个功能。

右图表示的是美国陆军模块化师的编制大纲，可以更好地理解这3个机能之间的关系。

模块化师是由配属给师司令部的旅战斗队及保障旅组成的部队。指挥关系不固定，根据作战环境及任务临时组编（通常只常设师司令部）。

- **指挥功能**：师司令部由主指挥所、战斗指挥所、移动指挥小组以及师司令部附属营组成，只拥有构成司令部的机构、人员及装备，服从支援旅的安排，最多可指挥6个旅战斗队。
- **战斗功能**：3种类型的旅战斗队（HBCT、SBCT、IBCT）⊖为战斗部队。根据环境和任务，选择最合适的战斗队分配给师。
- **支援功能**：通常把战场监视旅、火力旅、战斗航空旅、战斗保障旅、机动增强旅分配给师，保障旅战斗队的一切作战行动。

在师这一层级，师司令部所配给的机动增强旅作为单一的后方保障组织，总览战斗力保持方面的全部工作。在旅战斗队中，由旅支援营承担这项功能。

保持战斗力分为兵站（Logistics）、人事服务（Personnel Services）、健康服务保障（Health Service Support）3个方面，这些统称为作战服务保障。

---

⊖ HBCT 为重型旅战斗队；SBCT 为斯特赖克旅战斗队；IBCT 为步兵旅战斗队。 ——编者注

## ■ 美国陆军／模块化师编制一例

TAC：战斗指挥所
MAIN：主指挥所
CMD：移动指挥小组

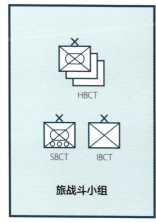

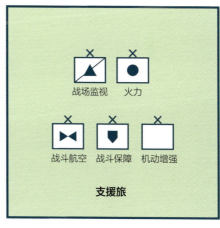

直属战斗力保持旅支援营，由其下属的各功能连来实施补给、弹药、燃料、运输、修理等业务。除此之外，保障营下属的卫生排以及旅下属的卫生保障连，与战区部队的卫生旅共同承担各种卫生任务。保持战斗力的范围很广，包括保持部队及士兵的健康、燃料、弹药、粮食等的管理与分配、各种补给品的输送管理等，一线保障要求和具体分配事项等复杂而庞大的业务，要使用作战指挥维护支持系统（BCS3）进行处理。

## 兵站①
### 辎重队是根据任务需要而编制的非常设部队

美军旅战斗队拥有可持续72小时的战斗力，即自身可以支撑战斗三天。超过72小时，就由师以及军团级别的部队或组织来负责保持旅战斗队的战斗力。

承担维持旅战斗队战斗能力的部队是旅支援营。旅支援营分为输送连、野外修理连、前方支援连以及旅支援卫生连。这些连队的任务庞大而复杂，承担着保持战斗力的各种任务。

● **输送连**：对旅战斗队的各部队实施输送补给、全部补给品的交付与管理等任务。

● **野外修理连**：维持旅战斗队的各种武器装备的基本性能，通过修理与更换来维持战斗环境下发挥战斗力的机能。

● **前方支援连**：负责对步兵营、野炮营、侦察营、工兵营的供给、运送、修理等业务进行支援。

● **旅支援卫生连**：在伤员的治疗、后方输送、卫生预防、精神卫生等方面维持旅战斗队人员的战斗力。

● **辎重队**：是指根据任务临时编成的人员、车辆、装备的集合体，非常设部队。其特点是用小单位组成运输车队进行行动。

如右图所示，旅战斗队保持战斗力是通过由设在战斗力维持保障地区内的辎重队（战斗队辎重队、野外辎重队）以及旅支援地区来实现的。

■ 旅战斗小组／保持战斗力支援地区概念图

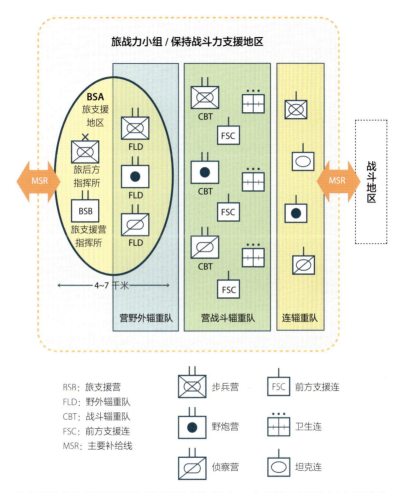

旅支援营与旅战斗队总部使用作战指挥维护支持系统（BSC3）来搜集与保持战斗力有关的各种数据。BSC3 具有模拟功能，分析比较各行动方针中补给品的消耗情况，以便在作战准备阶段供参谋人员参考。作战期间，BSC3 可将主要武器系统、燃料、弹药、兵员的损耗情况等最新资料提供给指挥官。除此之外，BSC3 还可以在电子地图上显示装载有移动追踪装置的斯特赖克装甲车（陆军装甲车）以及运送补给品车辆的所在位置。

## 兵站②
### 主要补给线是保持战斗力的"大动脉"

主要补给线（Main Supply Route，MSR）是作战地区维持战斗力的骨干输送路线，要求时刻保证安全。在旅战斗队中，作战地区指的是战斗力维持的保障地区与作战地区的集合。

主要补给线是由后勤参谋（S4）与作战参谋（S3）考虑地形特征、友军的配置、敌情、一线部队的机动计划等要素之后，经调整而决定的。

设想敌军可能的航空攻击、正规部队或者非正规部队的袭击、伏击、地雷布设、CBRN污染、交通拥堵、天气变化等情况，参谋们还会设定一条备用补给线。

除此之外，军事警察的交通管制、工兵部队对道路的维修、桥梁的防护等也必不可少。确保主要补给线安全本身就是一场军事行动。

旅战斗队为了达成战斗目的，必须保证弹药、燃料、粮食、水等不间断的补给，还有伤员的治疗及后方输送、兵力的补充等，以此来维持并增强部队的战斗力。也就是说，主要补给线是维持、增强一线机动部队战斗力的大动脉。

辎重部队所在的后方区域即维持战斗力的保障地区，是与战斗地区不可分割的一部分。有个说法是"后方区域就是安全区域"，但这只是幻想。在现代战争中，辎重部通过主要补给线给前线部队输送补给品本身就是战斗行为。

第 2 章 作战基础

第4旅支援营与第1斯特赖克旅战斗队的训练。图为车队连组成运输车队,在保存自己的同时给第一线部队运送补给的训练场景。在作战区域内,任何地方都是战场,后方部队也以"应战"状态来执行任务。

## 兵站③
### 补给品包括主要装备和个人物品

斯特赖克旅战斗队（SBCT）的步兵连会带着72小时（3天）战斗所需的补给品投入战斗。步兵营因为没有固定的补给和运输部队，所以给予连队的二次补给全部依赖旅支援营（BSB）。

一般情况下，二次补给是由保持战斗力组织来实施，像水流一样从上级部队轮到下级部队。但有时会因战斗环境的改变而停止。

此时就需通过空中补给（从飞机上空投或从直升机上悬吊补给）或互相补给（战斗结束后连队互相补充对方不足）来实施二次补给。

SBCT编制中没有前方支援连，所以步兵营会接受输送连或旅支援营拨给的补给品以及各种服务（HBCT、IBCT中有前方支援连）。

补给品的种类包括从第1种补给品到第10种补给品以及该范围外的众多品种，有粮食、水、被服、装具、石油、油脂、工程建筑与设障材料、弹药、日用品、卫生器材、修理零配件等，这构成了保持战斗力的基础。

连队士兵每天用2台400加仑（约1514升）的水拖车，把水壶装满，但是根据战场环境不同，有时士兵会把天然水净化后直接使用。

每人每车所持有的弹药数（Combat Load）都是固定的，之后再由分配连的弹药车辆（HEMMT-LMS）进行二次补给。

## 第 2 章 作战基础

■ 补给品的种类

| 第 1 种 | ☾ | 生存必需品（粮食、蔬菜、水果等） |
|---|---|---|
| 第 2 种 | ⚷ | 被服、装具、各种工具、去除放射性物质的喷剂、NBC⊖防护服 |
| 第 3 种 | ▽ | 石油、各种油、油脂等 |
| 第 4 种 | ⊓ | 工程建筑与设障材料（木材、沙袋、铁丝网等） |
| 第 5 种 | ⌂ | 弹药类（轻武器和火炮的弹药、炸药、地雷等） |
| 第 6 种 | 大 | 个人物品、烟、糖、肥皂 |
| 第 7 种 | ⌒ | 主要装备（战斗车辆、主要武器体系等） |
| 第 8 种 | ⊕ | 卫生物资（药剂、担架、外科手术器材等） |
| 第 9 种 | ☼ | 修理零配件 |
| 第 10 种 | CA | 民生支援物资（民用拖拉机、农业机械器具等） |
| 其他 | MISC | 上述没有的物品（水、地图、俘获品等） |

上述是美军补给品，日本陆上自卫队与美军分类大致相同，只是日本陆上自卫队没有 MISC 这个概念。

---

⊖ NBC 即核、生物、化学。——译者注

# 卫生①
## 伤员的现场治疗及转移

如果在战斗中产生死伤者及战斗应激反应患者或者因各种各样的原因出现落单的士兵或部队，这时部队的战斗力自然就会降低。当士兵的减员超过一定的比例时，部队就会失去战斗能力。

战术最重要的一点是，以最小的牺牲完成任务。因此，部队设有在战争现场治疗、收容、转移伤员的卫生队，它承担着保持战斗力的部分任务。

旅支援卫生连及旅支援营承担着斯特赖克旅战斗队全队的卫生支援任务。治疗排配有外科、内科、野战外科、野战内科等13名军医，支撑着全队的战场治疗任务。转移连设有10个后送队（斯特赖克救护车），目的是让伤员在72小时内归队，继续执行原有任务。

步兵营的卫生支援由步兵营直属的卫生排负责。卫生排的编制与装备如右图所示，由排总部、治疗分队、转移分队以及卫生兵派遣班组成，共有32名队员。

治疗分队配备军医2名（外科1名，内科1名）。4辆斯特赖克救护车负责把伤员从战场转移到连队伤员收集点，从伤员收集点转运到营收容所或后方更高级别的卫生所。

各步枪连配有4名卫生兵（连本部1名、各步枪排1名），全营共12名卫生兵日常随行各部队。

■ 卫生排的编制与装备

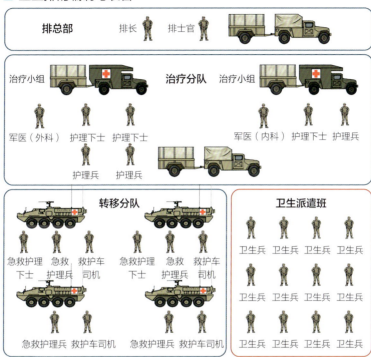

来源：FM3-21《斯特赖克旅战斗队步兵营》

M113 装甲输送车或斯特赖克医疗后送车一次能转移 4 名重伤员或护送 6 名轻伤员。

来源：美国陆军

## 卫生②
### 战斗应激反应患者的战地治疗

现代武器具有极大的破坏力，不仅能造成大量的人员死伤，同时也会导致战斗应激反应多发。受到惊吓而失去战斗能力的士兵和中弹倒下的士兵一样，会对部队整体任务造成极大影响。

在1973年10月的第四次中东战争中，出现了很多战斗应激反应患者（据说占死伤者的三分之一），这极大影响了以色列国防军（IDF）的战斗力。

受到沉重打击后，以色列国防军设立了总参谋长直属机构——心理行动科学部，在一线部队设置了"战斗心理咨询队"。以色列国防军（IDF）首次真正下功夫解决战斗应激反应这一问题。

如今，美国陆军也开始致力于调节士兵的战斗作战压力。在旅战斗队层级，给旅支援卫生连的精神卫生科（Mental Health Section）配备了专业军官和辅助技术兵。

不仅在一线战场，在作战区域内的任何地方都可能引发士兵的战斗应激反应。调控战斗应激反应的目的是保持战斗力，即预防战斗应激反应的发生，对已经产生战斗应激反应的患者进行现场治疗，使之恢复并回归原战斗岗位。

现场治疗是在战斗区域稍后方的安全地带进行的，方法如使患者小憩、吃饭、更衣、睡醒后与长官促膝长谈等。据以色列国防军数据显示，这样的方式能让80%的患者归队。

## ■ 战斗作战压力中的各种战斗应激反应行为

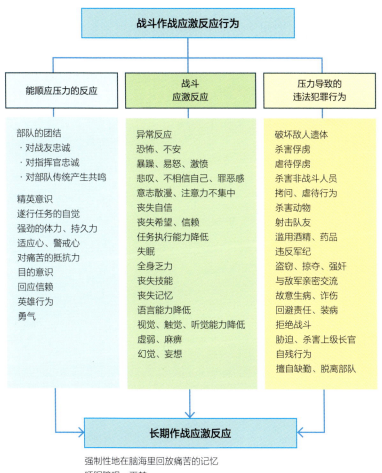

**战斗作战应激反应行为**

**能顺应压力的反应**

部队的团结
· 对战友忠诚
· 对指挥官忠诚
· 对部队传统产生共鸣

精英意识
遂行任务的自觉
强劲的体力、持久力
适应心、警戒心
对痛苦的抵抗力
目的意识
回应信赖
英雄行为
勇气

**战斗应激反应**

异常反应
恐怖、不安
暴躁、易怒、激愤
悲叹、不相信自己、罪恶感
意志散漫、注意力不集中
丧失自信
丧失希望、信赖
任务执行能力降低
失眠
全身乏力
丧失技能
丧失记忆
语言能力降低
视觉、触觉、听觉能力降低
虚弱、麻痹
幻觉、妄想

**压力导致的违法犯罪行为**

破坏敌人遗体
杀害俘虏
虐待俘虏
杀害非战斗人员
拷问、虐待行为
杀害动物
射击队友
滥用酒精、药品
违反军纪
盗窃、掠夺、强奸
与敌军亲密交流
故意生病、诈伤
回避责任、装病
拒绝战斗
胁迫、杀害上级长官
自残行为
擅自缺勤、脱离部队

**长期作战应激反应**

强制性地在脑海里回放痛苦的记忆
睡眠障碍、噩梦
对作为或不作为的罪恶感
被社会孤立、抛弃、疏离
突然受惊的反应
抑郁症
社交及亲密关系障碍

来源：MF4-02.51《作战压力控制》

# 人事服务
## 要保持并增加部队的作战人员数量

　　军队的编制装备表规定了士兵人数及装备数量。通过保证士兵定员并加以教育训练，来打造一支"能打仗"的部队。缺少中间任何一个环节，都会降低部队的战斗力。

　　人事服务与兵站及卫生服务一样，具有保持战斗力的功能。简单地说就是士兵数量出现缺额时，应迅速补足空缺，即补充缺员数量。

　　除此之外，防护功能中有士兵恢复（Personnel Recovery）任务——救出落单的士兵，防护班负责制订计划和组织实施。

　　因伤亡或战斗应激反应导致的人员缺额，由卫生部队来应对。其他如地形特质、气象条件、作战中出现的异常情况等各种原因，也会造成士兵个人或部队落单或失踪。

　　伊拉克战争中，一小股部队在运送燃料、弹药途中被敌军拦截，造成部队落单，被附近的部队救援。救援行为就被称为士兵恢复作战（Personnel Recovery Operation）。拯救被击落飞机的飞行员也属于这个范畴。

　　损失有战斗经验的士兵，即使能补足士兵数量，也有很多方面弥补不了。将这个影响降低到最小限度的尝试，也是士兵恢复作战。当然，士兵恢复作战与真正意义上的作战不属于同一个概念。

## 兵员恢复作战的实例

2003年3月23日早晨,美国陆军第507机修连33名士兵驾驶18辆汽车,进入位于伊拉克的纳西里耶市区。由于导航系统的错误走错了路,车队被敌军包围。

美国陆军车队为了突围,与敌军进行了90分钟的战斗。在此期间,美国陆军的车队被分割成3个小组。

规模最小的小组(6名队员,3辆车)冒着敌军的射击,边躲避路障边前进,在没有任何掩护的情况下,回归到海军陆战队坦克营。

第二个小组(10名队员,5辆车)击退了伊拉克军的进攻,加固了防御线,并现场对伤员进行了救治。海军陆战队对该小组实施了应急士兵恢复作战,将该小组救出。

第三个小组(17名队员,10辆车),由于受到敌军重火器的射击,车辆发生碰撞,未能移动到友军战线,队伍四分五裂,造成数名队员死伤或被俘。

2003年4月1日,美国陆军特种部队在海军陆战队的支援及外部人员的协助下进行了士兵恢复作战,从伊拉克医院救出1名被俘队员。

4月下旬,有人证实被俘的车队队员与阿帕奇直升机上的2名飞行员还活着,于是海军陆战队实施了士兵恢复作战,将其救出。

# 指挥自动化系统①
## 现代战争是网络战争

斯特赖克旅战斗队（SBCT）是完全数字化的步兵部队。通过指挥控制基础设施（Infrastructure），将所有情报资料汇总到总部，整编后将其发送到所需单位。从旅长到部队普通的士兵，都可以共享情报。

旅以下部队战斗指挥系统（FBCB2）与陆军战斗指挥系统（ABCS）连接，与覆盖整个地球的各种卫星——全球定位系统（GPS）、侦察卫星、通信卫星、导航卫星、气象卫星等相连。

斯特赖克旅战斗队的ISR（情报、监视、侦察）通过网络集中在主指挥所。情报参谋（S2）将从远程侦察兵监视系统、小型无人机（UAV）、电子传感器、NBC侦察以及其他方式得到的情报资料进行处理后，将敌人所处的位置上传到旅以下部队战斗指挥系统。

在前文已经提到，各后方使用作战指挥维护支持系统（BCS3）来进行模拟操作，实时收集人员、补给品、装备等方面的消耗情况，掌握辎重队运输车辆的位置。

情报的优势体现在可以使旅长迅速做出决定，给下级部队充裕的时间。有数据表明，在模拟信号系统中旅长需要花费24小时才能决断，而在数字化系统中只需要3小时。

旅长无论身处何地都能利用网络掌握最新战况，轻易进入战斗指挥所，或者在移动指挥小组对战争进程出现争议点时，亲临前线部队，进行直接指导。

## ■ 斯特赖克旅的指挥控制基础概念

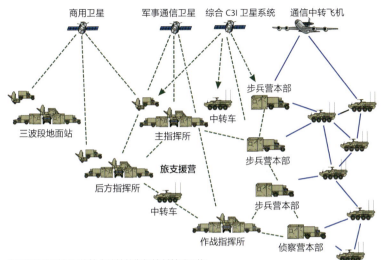

美军利用各种卫星构筑全球性的指挥控制基础设施。
完全数字化的部队可以运用指挥控制基础设施在全世界作战。

操作旅以下部队战斗指挥系统（FBCB2）终端的士兵。　　　　　　　　　　　来源：美国陆军

# 指挥自动化系统②
## 网络空间是第五战场

> 现在我们的理论是杀伤"士兵",而新理论应该指向破坏"指挥系统"。不是在敌军军官和士兵陷入混乱状态之后,而是在敌军部队进攻之前破坏他们的指挥系统,这样,敌军部队在进攻的时候就已经陷入混乱状态了。
>
> ——富勒"1919年计划"

100多年前富勒提出破坏并麻痹敌人的指挥系统以获得战争胜利的理论,时至今日依然适用,应该说该理论被运用得大放异彩。

富勒曾尝试运用大量坦克来破坏指挥系统,这就相当于现代战争中以电子战及物理破坏为主体的指挥与控制战(Command and Control Warfare)。

美国国防部2010年宣布,将网络空间纳入国防对象,作为作战领域,与海洋、陆地、天空和太空并列成为第五战场。

20世纪末,网络空间战还是一种特殊用语,现在已经成为众人皆知的一般用语了。网络武器是否会像核武器那样变成"不能使用的战略武器",现阶段还难以预测,更不用说战术层面了。

## 应对网络攻击的 6 个关键

**② 应对网络攻击部队的策略**
- 由网络防卫队、系统防护队（日本陆上自卫队）、保全监察队（日本海上自卫队）、系统监察队（日本自卫队）组成机制架构
- 24 小时不间断情报系统监视、高强度的网络攻击对策（分析病毒）

**① 确保情报系统的安全**
- 导入防火墙及病毒检测软件
- 将网络分为国防情报基础设施（DII）公开部分和非公开部分
- 实施系统监察等

**应对网络攻击的 6 个关键**

**③ 做好应对网络攻击的准备**
- 制订情报系统安全对策的标准
- 制订员工应该遵守的安全对策
- 发生网络攻击时的应对态度
- 设置网络政策研究委员会

**⑥ 与其他机构的合作**
- 与日本内阁网络安全中心、美军、以及相关各国进行情报共享。

**④ 研究最前沿的技术**
- 研究构筑网络演习环境的技术

模拟环境
进攻模拟　防御
评估研究
能够实施模拟环境下的对抗演习

**⑤ 人才培养**
- 向美国卡内基梅隆大学附属机构、日本研究生院输送学生，以及在日本各自卫队内开设专业课程。
- 为了培养安全意识，要进行职场安全教育，在防卫大学实施专业教育。

参考：日本防卫省《国防白皮书》（2016 年版）

## 来复枪
### 射程与命中率是滑膛枪的五倍！

聚焦

从15世纪到19世纪中叶，步枪从火绳枪向燧发枪的发展并没有给射程（约200米）和射击效果（没有冲击力的圆弹）带来显著变化。

19世纪40年代，随着来复枪（膛线步枪）的发展，与以前的滑膛枪相比，前装式来复枪的射程与命中率均提高了近5倍，有效射程达到900米，杀伤力也显著增强。

到19世纪60年代，后装式来复枪出现了，发射速度是前装式来复枪的3倍，并且可以伏击（士兵在俯卧状态下装弹射击）。这样一来，兵器的技术革命就带动步兵战术**由密集战术向散兵战术**发展。

法军在普法战争（1870—1871年）使用的后装式来复枪——夏塞波步枪。

# 第3章

## 战斗的科学

战争（即战略）和战斗（即战术）的目的在于使敌人屈服。其手段虽有破坏敌人要地、断绝其交通线等，但使敌人屈服的最佳捷径是歼灭敌人。换言之，使用战略与战术的目的在于消灭敌人。

——秋山真之《海军基本战术第二编》

# 进攻的方式
## 探寻先迂回后包围的可能性

部队规模无论大小，进攻都具有3个主要功能——牵制、机动和打击。

牵制是指为了发现敌人后限制其自由，通过转移、二次组编队伍、改变速度、变更方向等行动，在固定的时间把敌人控制在对我方有利的地点。

机动是指牵制敌军并形成有利态势和为了达到一定的战斗目的，在战术范围内有组织地迅速转移部队。

打击是指在具有决定性意义的时间和地点，以压倒性的战斗力击溃敌人。

进攻的方式是指，在进攻的3个功能中，如何配合其他2个功能（牵制、打击）对机动的方向进行调整。进攻的方式包括迂回、包围、突破，每种方式的含义将在后文进行论述。

■ 进攻的主要3个功能

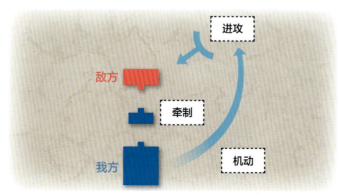

## ■ 进攻的 3 种方式

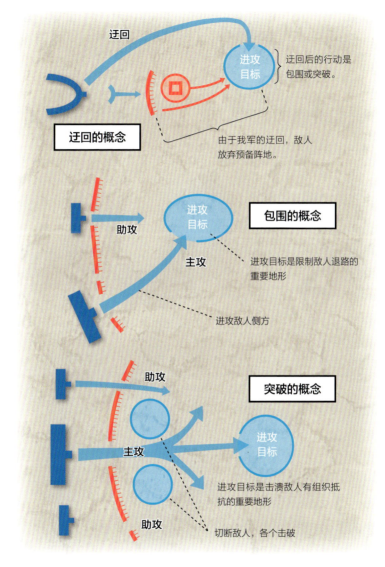

进攻时，首先在敌人防守薄弱的地区进行迂回。难以迂回时，可以从敌人的侧方或背后进行包围。突破时进攻方的损失也很惨重，因此，进攻时部队在不能迂回和包围的情况下，突破是最后的选项。

# 迂回
## 迫使防御方在阵地外决战

一般来说，与进攻方相比，防守方的战斗力更弱，但可以通过周全的准备、有效利用地形等来弥补，提高相对战斗力。

防守方应该最大限度地发挥"时间的优势"，利用相对充分的时间选定适合防御的战场、修筑工事、铺设地雷、铺设反坦克锥、用野战炮和迫击炮构筑弹幕和火网等。

所谓迂回，就是进攻方迫使防守方放弃对自己有利的战场，在对方有利的战场进行决战，即进行阵地外决战。

迂回在理论上是非常优秀的高等战术，但是在现实的战争史上成功的例子却寥寥无几。下面介绍成功的少数案例。

三方原合战是典型的阵地外决战。1572年12月22日，武田军25000人将守在滨松城内的德川军11000人引至三方原，一举将其击败。

仁川登陆战（1950年9月15日）的最后阶段，"联合国军"切断朝鲜人民军的后方联络线，进行奇袭，迫使朝鲜人民军放弃战线。

进行迂回的部队，必须是具有师或者师以上规模的部队，机动力强且适合独立行动。

# 第 3 章 战斗的科学

■ 迂回的目的是使防御方进行阵地外决战

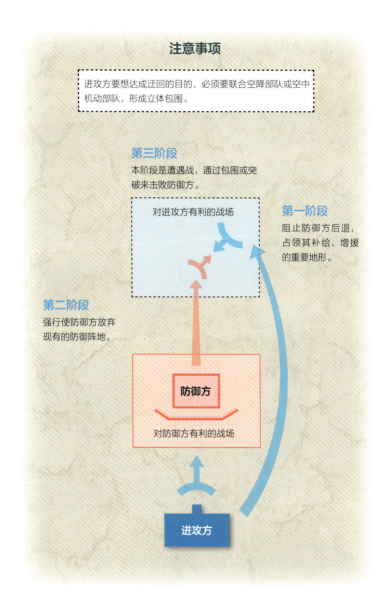

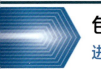

# 包围①
## 进攻敌人的薄弱环节

包围的目的是将敌人歼灭在预设地区。包围歼灭战作为陆地战争的妙招，在指挥官中备受认可。

在下图中，敌军兵力部署的薄弱环节在后方、侧面、侧翼。在这几个位置中，从后方或者侧面进攻并歼灭敌人就是包围。

敌军在防御阵地的前方用炮火和障碍物来强化防御功能。我方指挥官用一部分部队牵制敌军正面，将主力部队置于敌军后方，占领重要地形；然后从敌军后方或者侧面展开进攻，完全切断敌军撤离战场的退路。

从形态上分类，包围可分为单翼包围、两翼包围、完全包围等，一般来讲单翼包围较为常见。

■ 敌军兵力部署的弱点

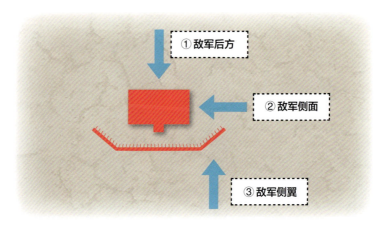

### ■ 单翼包围

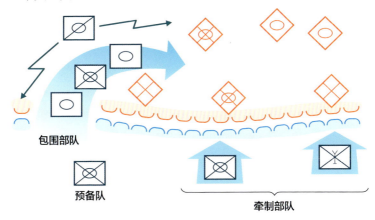

1991年2月24日，在沙漠风暴行动中，以美国为首的盟国部队对伊拉克军队展开单翼包围进攻，意欲将伊拉克军队从西侧逼近波斯湾，将其一举歼灭。

### ■ 两翼包围

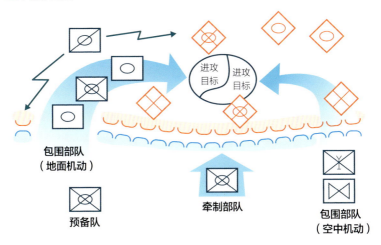

两翼包围是以压倒性的机动力、火力为前提，现代战争中也会与空中机动并用。

## 包围②
### 包围的决战阶段是遭遇战或突破

迂回很理想但实行很困难，而突破会造成大量损失。通常情况下，进攻方会从敌人的后方及侧面这些可进攻的薄弱环节进行包围。

包围目标即进攻目标，进攻方会选择敌后方的重要地形（可以完全切断敌军退路的主要地形）。包围这种进攻方式是指占领包围目标并截击敌军的整个过程。

防御方对于进攻方所采取的包围战术，是不会坐以待毙的。防御方会尽力延伸防御范围，用攻击机和武装直升机对包围部队发起进攻或借助预备队进行反击等各种对抗手段，粉碎进攻方的企图。

右图为某师级部队进行包围的案例。

助攻部队将敌军防御部队束缚在某个地方，让主攻部队从敌军防御部队的左侧进行机动，夺取包围目标。与此同时，直升机部队占领重要据点，以保卫包围部队的右侧。

被切断退路与被围歼在战术上是相通的，因此，当退路被切断时，防御方是不会轻易认输的。

实际战争中，在包围的中途或最后阶段，防御方可能会积极脱离包围或通过主力进行反攻，此时就会发生遭遇战。我方占领包围目标后，进攻方会形成圆形阵型，防御方会进行突破作战。这些会在后文进行介绍。

## ■ 某师级部队进行包围的示意图

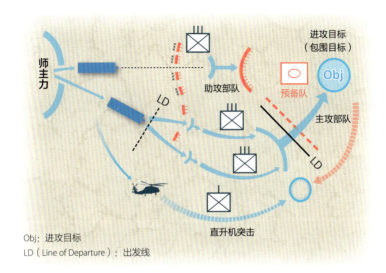

Obj：进攻目标
LD（Line of Departure）：出发线

## ■ 3种进攻方式的比较

| | 迂回 | 包围 | 突破 |
|---|---|---|---|
| 目的 | 寻求在敌军未防备的地区进行决战，击溃敌军（阵地外决战） | 当场（防御地区）击溃敌军 | 破坏敌军的战斗组织并各个击破 |
| 目标 | 迫使敌人放弃预设阵地或攻击敌人必救之地 | 占领能完全切断敌军撤退路线的重要地形 | 占领能粉碎敌军有组织抵抗的重要地形 |
| 主要着眼点 | 掩护、隐匿迂回行动，迂回部队的迅速行动 | 从正面牵制敌军，以主力部队从敌军侧面或后方进攻，并切断其退路 | 主力部队从敌军正面进攻，突破并分割敌军 |
| 成功的要领 | ● 正确处置，从而牵制或者欺骗（让敌军无法准确获取我军的配置、能力、企图等）敌军主力<br>● 给予迂回部队充分的机动力 | ● 奇袭<br>● 相对优势的战斗力<br>● 依靠正面的果断进攻来进行牵制<br>● 各部队（主攻、助攻）的合作行动 | ● 在突破正面保持压倒性的优势战斗力<br>● 持续的冲击力 |

# 突破理论
## 富勒科学地分析了突破理论

富勒断言,第一次世界大战中士兵伤亡惨重的原因是指挥官没有认识到突破的侧面应该向内侧倾斜45度。

富勒综合分析了战斗数据,从数学方面计算了突破的纵深与防御的特性,并且基于此得出了突破的理论。

在右页上图中,如果防御纵深(A-B)为8千米,那么理论上的进攻正面(C-D)就应为16千米。此时,进攻方迫使防御方部队到达A点还不够充分。这是因为战果扩大部队迅速向前方挺进,需要留出足够的间隙(敌军机关枪射击的射程外)。这样的间隙至少需要(E-F)8千米,最终进攻正面所需间隙(K-L)应为24千米。

富勒的理论是剖析敌军的防御状态,细分为几个进攻目标,每个目标对应一支进攻部队,然后决定扩大战果所必要的部队数量,最后将这些数字相加,算出所必需的兵力总量。

富勒非常重视坦克的运用。坦克是防弹武器,无论敌军是否持有机关枪,都能持续前进。

"1919年计划"就是从这个突破理论中衍生出来的,并成为装甲战理论的基础。富勒也是战争原则的创始人,虽然在日本不太受重视,但是我认为"战术家富勒"应该得到更多的关注。

## ■ 富勒构建的突破理论

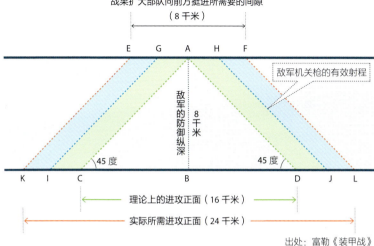

出处：富勒《装甲战》

## ■ 坦克打通45度的理论壁垒

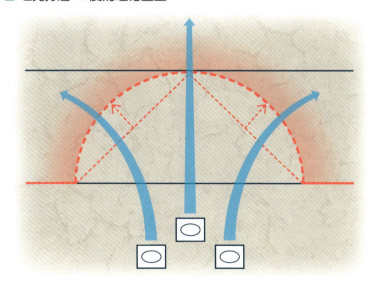

据推测，在持续4年零3个月的第一次世界大战中死亡人数大概为850万人。特别是西部战线的战争演变成了堑壕战和持久战，这两种战争都缺乏突破的条件，只是一味增加伤亡人数。虽然有"炮兵开荒，步兵种地"的说法，但即使步兵从一线突破也无法扩大战果，因此，步兵的时代结束了，进入了坦克的时代。

# 突破
## 于突破正面集中优势兵力

当进攻方不能运用迂回和包围战术，防御方阵地的两侧没有弱点，正面防御也很完善时，进攻方就会使用突破（Penetration）战术，可以说突破是最后的选择。

突破的本质是力的贯穿（强行在防御严密的地方打开缺口）。因此，进攻方应该把压倒性优势的战斗力集中在狭窄的正面。除此之外，为了使进行突破的主攻部队专心"贯穿"作战，两侧需要配备所必需的最小限度的主攻部队。

美国陆军手册（FM3-90《战术》）记载的案例是1个师突破正面的相对战斗力要比敌军多9倍，在前线的一个营的对应战斗力要比敌军多18倍，副攻部队的对应战斗力应比敌军多3倍。虽然一般原则是"3倍进攻"（3倍于敌军的进攻力），但是在正面突破时，要实现"3倍进攻"，应该集中更强大的战斗力。

当敌军的阵地防御有3个师的战斗力时，进攻部队进攻时至少需要9个师。为了攻破这个防御阵地，进攻部队突破正面至少需要6~7个师（主攻），在其左右需要各配置1个师（副攻），除此之外，还需要1~2个师作为预备队。

如右图所示，突破一般分为3个阶段进行：①形成突破口②扩大突破口③夺取突破目标。如果不能扩大突破口，夺取突破目标就会非常难。

### ■ 突破（penetration）带来的力的作用

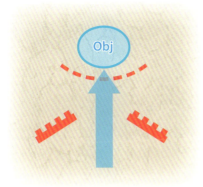

Obj：进攻目标

③ 夺取突破目标
夺取突破目标意味着突破成功，但是这样并不能击溃敌军，还应将被分割的敌军各个击破，乘胜追击，扩大战果。

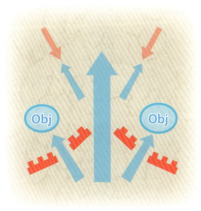

② 扩大突破口
助攻部队或者后备部队要从突破口侧面的某个敌军阵地内扩大突破口，夺取目标。同时，粉碎敌军后备部队的反击。

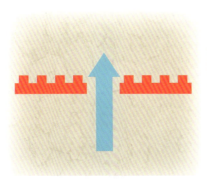

① 形成突破口
为切断敌军有组织的抵抗打开一个突破口。因此，需要在突破点发挥综合战斗力（火力、机动力）带达到的冲击效果。

# 渗透
## 利用敌人防御漏洞，达成特殊目标

渗透是进攻方通过潜入敌军的防御漏洞，从事侦察和警戒敌军后方、从敌军没有防备的方向展开进攻、确保掌控重要地形、占领炮兵观测点、进行伏击和袭击、秘密除掉障碍等活动。右图为渗透部队袭击敌军自行火炮的例子。

渗透并不是以击溃敌军部队为目的，而是与迂回、包围、突破等战术并用，从地面、水下、空中等方位潜入敌军后方区域，前提是不要被敌军发现，不与敌军交战。

渗透部队会设定一条渗透通道（Infiltration Lane）潜入敌军内部。渗透部队的规模以对一条通道派出一个连为基准，整个渗透部队的规模也不能超过一个旅。在第一次世界大战时，德军为结束战争，进行了大规模的渗透作战。

1918年3月，一支由迫击炮、轻机枪和手榴弹武装的德国小型突击队在西部战线进行的渗透作战，在战争中留下了辉煌的一页。这支德国突击队在对己方有利地区迂回，发现英军防备弱势地区就发起进攻。

英军阵地被突破后，司令部陷入恐慌，数万名士兵开始后退，英军全线溃败。富勒以此为灵感，写出了"1919年计划"。

## ■ 渗透示意图

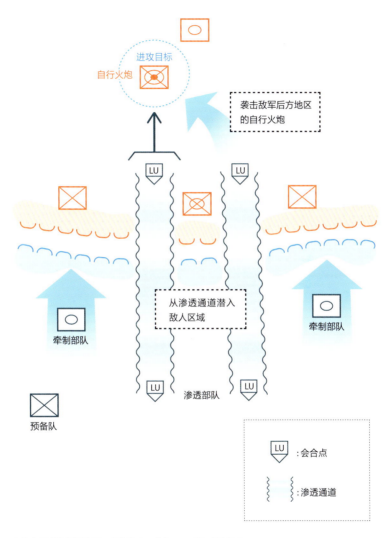

会合点是分散渗透队员、部队集合、准备下一项行动的地点。

参考：FM3-90《战术》

# 徒步行军
## 以最佳状态到达战场，迎接接下来的战斗

在车辆很普及的现代化社会，有人会问："作战部队还需要像以前那样徒步行军吗？"

地球上存在很多不适合车辆机动战斗的特殊地区，如沼泽、森林、高原山麓、人口稠密地区等。如果这样的地区成为战场，那么徒步行军的步兵就会成为战争主力。

任何作战，部队都必须移动，靠徒步、车载行军，靠铁路、飞机、船舶或综合运用交通工具移动。必须把部队及装备在合适的时间以能战斗的状态运送到目的地。

即使是装备最现代化的美国陆军，也有完全徒步行军的步兵部队。右图的步兵旅战斗队（IBCT）是三种旅战斗队中最轻便的旅。

机动部队即战斗部队的步兵营，包括轻装步兵部队、空中挺进部队、直升机部队、特种游击部队、登山部队5类，所有类别的部队都是同样的编制。步枪连是IBCT的核心部队，没有一辆车，是地地道道的徒步行军部队。

徒步行军时，士兵非常疲劳，因此恰当的健康管理非常重要。即使按时到达目的地，如果士兵因为筋疲力尽而不能参与作战，就是"失败的行军"。

美国陆军徒步行军的标准大概为一日20~32千米（公路：白天4千米/小时，夜间3.2千米/小时；非公路：白天2.4千米/小时，夜间1.62千米/小时）。强行军（Forced Marches）时的标准是24小时不超过56千米，48小时不超过96千米，72小时不超过128千米。

# 第 3 章 战斗的科学

## ■ 步兵旅战斗队（IBCT）

```
                              步兵旅战斗队（IBCT）
         ┌──────┬──────┬──────┬──────┬──────┐
       步兵营  步兵营  野炮营  侦察连  旅本部附属营  旅支援营
        HHC    HHC    HHB    HHT    HHC(BCT)    HHC
       本部连  本部连  本部连  本部连  本部连      本部连
                                                FLD
       步枪连  步枪连  射击连  侦察连  旅本部附属连  野外整顿连
                                     营本部附属连
       重武器连 重武器连         侦察连  MI          卫生连
                                     军事情报连
                                     通信连       运输连
                                                 FSC(IN)
                                     工兵连       前方支援连（步兵）
                                                 FSC(RS)
                                                 前方支援连（侦察）
                                                 FSC(FIRES)
                                                 前方支援连（炮兵）
```

直接支援

步兵营是步兵旅战斗队的机动部队，由本部连、3 个步枪连及重武器连组成，兵力 650 人。接受旅支援营的直接支援。步枪连有步兵 100 人，有 2 辆连本部的车辆（高机动车和卡车）。步枪连虽然有 6 枚 "标枪" 反坦克导弹、6 挺机关枪以及 2 门 60 毫米口径的迫击炮，但基本以徒步行军的方式携带。

参考：《旅战斗队》（2010 年）

步兵（空降）部队在训练。　　　　　来源：美国陆军

# 接敌行进
## 预判与敌军的交锋和作战而进行的行军

当部队能够大概确定敌军所在位置,并且距敌军有一定距离时,从某地点开始向战场附近移动的部队,要预判到与敌军的交锋和作战,以随时能够投入战斗的状态行军。这种行军被称为接敌行进(Approach March)。

接敌运动(Movement to Contact)的目的是接触敌军或者保持与敌军的接触。与敌军接触就会发生战斗,有时会演变为探清敌情的进攻、火力侦察或真正的遭遇战。右图为步兵营在接敌行进时的一种行军队形。

将侦察监视部队(侦察排)部署在前阵,其后为前哨(步枪连)。为准备排除障碍和火力突击(陶氏反坦克导弹、Mk19榴弹发射器),主力部队将工兵排与重武器连部署在比较靠前的位置。

营本部设置主指挥所(Main Command Post)和战斗指挥所(Combat Command Post),为全体行军的指挥与战斗作准备。主力部队的两侧部署侧方警戒,部队尾部配置后方警戒,即在队伍四周都部署警戒,保持战斗的状态。

1868年1月3日下午5点左右,日本萨摩国的军队在京都南方的鸟羽街道、鸭川的小枝桥附近部署了大炮、步枪等装备严阵以待,而日本旧幕府军从大阪北上,想以平常的行军队形强行突破。于是爆发了鸟羽、伏见之战。日本旧幕府军并没有形成接敌行进的队形,而是先派出巡视组(以刀枪等为装备,并没有持步枪),可以说是缺乏战术常识的行军队形。

### ■ 步兵营接敌行进队形

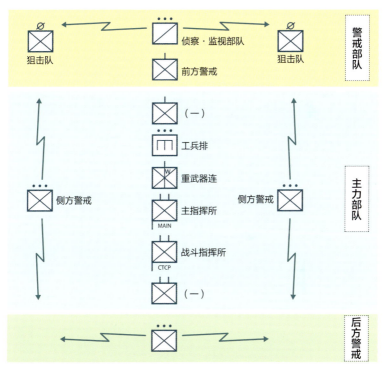

日本的（一）表示部队的一部分因配属到其他部队暂时空缺。

来源：FM-21.20《步兵营》

狙击手的重要目标是射击敌军指挥官以及导弹射手。
来源：美国海军陆战队

## 遭遇战①
### 现代战争也会发生遭遇战吗?

遭遇战（Meeting Engagement）是独立的战术行动吗?

对于这个问题，有"是"和"否"两个答案。

其一（否）：在约米尼著《战争的艺术》（1838年日本发行）和高野长英转译的《三兵答古知几》㊀（1833年日本刊登）中详细叙述了军队的移动和行军，但是都没有遭遇战的内容。美国陆军的《战术》（2001年版）也同样如此。

其二（是）：《苏联红军司令部野外勤务教令》（1936年版）中有遭遇战的章节，其中写到："需要重视遭遇战，并分配大量的时间来训练。"旧日本陆军的《作战要务令》和日本陆上自卫队的《野外要务令》也有关于遭遇战的章节。

其中一致的理论是：部队移动的最后阶段会发生遭遇战，之后会沿着进攻→扩大战果→追击的顺序发展。

所谓遭遇战是指双方互相自由行动，进攻或防御趋势不定的状况，即浮动情况。在这个阶段，指挥官对战场状况判断和部队指挥具有显著特点。

笔者认为，将特点鲜明的阶段作为独立的战术行动，对于基本教育和部队训练效果更佳。

即使在现代战争中，在进行传统的陆地战争时，也很可能在右图所示的各种情况下发生遭遇战以及会发生遭遇战的状况。遇到这种情况时，指挥官必须在理解遭遇战本质的基础上进行战场状况判断和部队指挥。

---

㊀　"三兵"指步兵、骑兵和炮兵，"答古知几"是荷兰语"taktiek"的音译，意为"战术"。

——译者注

## ■ 遭遇战以及会发生遭遇战的情况

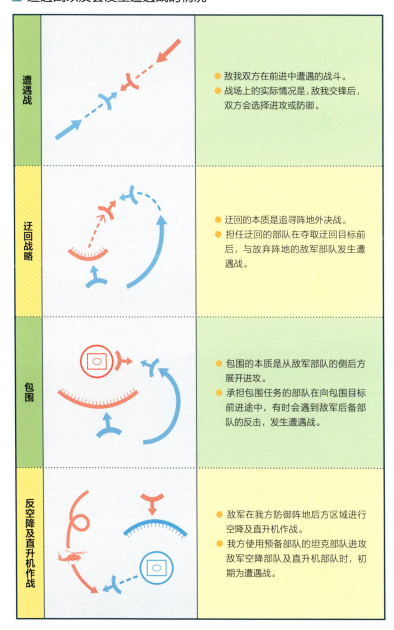

| | | |
|---|---|---|
| 遭遇战 | | ● 敌我双方在前进中遭遇的战斗。<br>● 战场上的实际情况是，敌我交锋后，双方会选择进攻或防御。 |
| 迂回战略 | | ● 迂回的本质是追寻阵地外决战。<br>● 担任迂回的部队在夺取迂回目标前后，与放弃阵地的敌军部队发生遭遇战。 |
| 包围 | | ● 包围的本质是从敌军部队的侧后方展开进攻。<br>● 承担包围任务的部队在向包围目标前进途中，有时会遇到敌军后备部队的反击，发生遭遇战。 |
| 反空降及直升机作战 | | ● 敌军在我方防御阵地后方区域进行空降及直升机作战。<br>● 我方使用预备部队的坦克部队进攻敌军空降部队及直升机部队时，初期为遭遇战。 |

## 遭遇战②
### 遭遇战的特点是争夺主导权

为什么会发生遭遇战？

大部分情况是因为敌情不明，尤其是敌军的正确位置难以把握。遭遇战的本质是意外状况，特别是敌情不明的意外状况。

即使是C4ISR（指挥、控制、计算机、通信、情报、监视、侦察）系统极度发达的现代战争，在发生运动战时，双方都在移动，很难时刻把握详细的敌情。因此在现代战争中，出现意外情况的遭遇战的状况反而增多。

在这样混沌不清的状况中，战争就变为主导权（Initiative）的争夺战。人们常说，"遭遇战的要诀是先发制人"，先发制人的必要条件是先于敌人获得情报。

在侦察活动中占优势地位，就可以先于敌军准备战斗，优先取得支配战场的重要地形，在战况还不稳定时抢占有利地位，先发压制敌军火力，从而在战争初期就可主导战局。

右图从指挥的实际视角论述了与敌军在陆上交锋后加入战斗的方式——仓促进攻或有准备的进攻。如果重视战机（有利的时间要素和战况），就应该选择仓促进攻。

虽说如此，鉴于现代战争的特点就是发挥综合战斗力，还应该尽可能使全部部队从战争初期就进行有准备的进攻。

## 第 3 章 战斗的科学

■ 在遭遇战中加入战斗的方式与指挥上的差异

| | | 仓促进攻<br>（Hasty Attack） | 有准备的进攻<br>（Deliberate Attack） |
|---|---|---|---|
| | 基本姿态 | ● 分权控制<br>● 发挥各级指挥官主动性的战斗指导 | ● 集中控制<br>● 基于作战计划，统一、有计划地进行战斗指导 |
| 决定进攻的想法 | 进攻发起时间 | ● 直接加入战斗 | ● 明示进攻发起时间 |
| | 进攻发起线 | ● 通常不展示 | ● 通常展示 |
| | 战斗编成 | ● 分权控制<br>● 日本陆上自卫队：战斗团直接加入战斗 | ● 分解行军纵队（战斗团），组成进攻部队的编制 |
| | 集结地 | ● 通常不展示 | ● 通常展示 |
| | 行动区域 | ● 通常不展示 | ● 通常展示 |
| | 火力的使用 | ● 分权使用<br>● 直接支援各级纵队（战斗团） | ● 统一运用<br>● 依靠直接支援、全面支援及增援火力，整体有效地统一使用 |
| 下达进攻命令 | | ● 分别命令<br>● 向各纵队（战斗团）单独下达命令，各自加入战斗 | ● 统一命令<br>● 等待全部队伍结合完毕，统一下达命令，加入战斗 |

在发生遭遇战时，明确区分仓促进攻和有准备的进攻是不现实的，指挥官应根据当时的敌我状况选择最适合的方式加入战斗。这里为突出遭遇战的特点，特意进行了区分。

反空降、直升机作战那样机动余地大的战斗，多会发生遭遇战。　　　　来源：日本陆上自卫队

# 防御①
## 防御是从属于其他决定性行为的战术行动

所谓广义上的战斗，就是指斗争，目的是"击溃敌军，破坏其企图"。为达到这一目的，进攻则成了独一无二的战术行动。

那么，防御到底是什么呢？

① **为进攻赢得必要的时间**：与固守城池一样，就是在增援兵力到达之前争取时间，增援兵力到达后转入进攻。

② **确保进攻支点的地区**：要确保足够的要地，能够集结进攻部队、开展战斗、发起进攻。

③ **为主战场正面集中兵力**：在其他战场正面争取以最小的兵力得到最大的战斗效果。

④ **阻挡敌人入侵特殊地区**：战斗不仅在作战区域发生，敌军还会在更大的范围以各种手段发起进攻。

⑤ **进攻性防御**：以进攻为前提，与上述防御完全不同。

除了进攻性防御，只防御是不能达成战斗的一般目的，即防御是从属于其他决定性行为（进攻）的战术行动。

防御的主要着眼点是"粉碎敌人的进攻"，而不是击溃敌军。上述①~④中，如果击退敌人的进攻并且达到各个目标（被下达的目标），就可称为防御成功。

## ■ 进行防御的分类

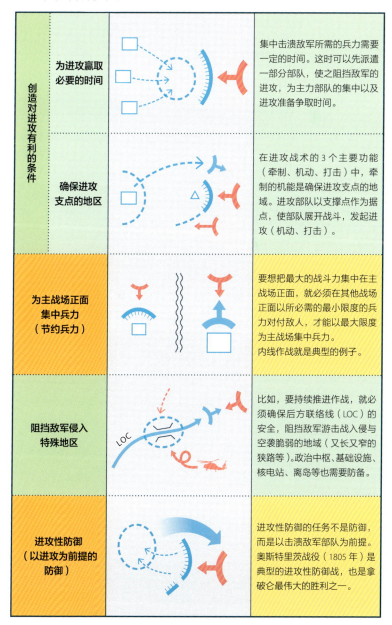

| | | | |
|---|---|---|---|
| 创造对进攻有利的条件 | 为进攻赢取必要的时间 | | 集中击溃敌军所需的兵力需要一定的时间。这时可以先派遣一部分部队,使之阻挡敌军的进攻,为主力部队的集中以及进攻准备争取时间。 |
| | 确保进攻支点的地区 | | 在进攻战术的3个主要功能(牵制、机动、打击)中,牵制的机能是确保进攻支点的地域。进攻部队以支撑点作为据点,使部队展开战斗,发起进攻(机动、打击)。 |
| 为主战场正面集中兵力(节约兵力) | | | 要想把最大的战斗力集中在主战场正面,就必须在其他战场正面以所必需的最小限度的兵力对付敌人,才能以最大限度为主战场集中兵力。内线作战就是典型的例子。 |
| 阻挡敌军侵入特殊地区 | | | 比如,要持续推进作战,就必须确保后方联络线(LOC)的安全,阻挡敌军游击战入侵与空袭脆弱的地域(又长又窄的狭路等)。政治中枢、基础设施、核电站、离岛等也需要防备。 |
| 进攻性防御(以进攻为前提的防御) | | | 进攻性防御的任务不是防御,而是以击溃敌军部队为前提。奥斯特里茨战役(1805年)是典型的进攻性防御战,也是拿破仑最伟大的胜利之一。 |

# 防御②
## 防御的胜算在于"坐收渔翁之利"

美国陆军手册（FM5-0《作战流程》）有这样一条意味深长的记录：如果防御部队比进攻部队多3倍的战斗力，那么成功击溃进攻部队的可能性就会超过五成。这就意味着防御部队以进攻部队三分之一的战斗力就能防御成功。

这里的三分之一及五成这两个数据是以众多的战争数据为依据而得出的。所谓会超过五成的可能性是指，即使防御方不会单方向地被击溃，至少也有粉碎敌军进攻的可能性。

只要准备充分，防御方就可"坐收渔翁之利"。所谓"坐收渔翁之利"，是指由防御方充分利用地形和准备充分而产生的胜算。

可以说地形本身就是防御时的战斗力。灵活运用地形障碍，就能将防御部队的正面兵力转到其他主战场正面（节约兵力）。

若准备充分，防御部队就可以最大限度地利用敌人进攻之前的那段时间。系统的铺设地雷，并且与人工、天然障碍物等相结合，可以消减、降低敌人的纵深机动力。

准确地测量距离（确定射击诸元）是发挥榴弹炮、迫击炮等间接火力不可或缺的一步。如果测量准确，准备好连接障碍物的火力集中点和火网，间接火力就可与直射火力相结合，系统地发挥阵前阵后的纵深战斗力。

防御方有选择利用有利地形的条件，但是进攻方有选择迂回、包围、侧方突破、渗透等战术的自由。即使是防御，实施逆袭等进攻行动，主动进行反攻也是非常重要的一步。

120 毫米口径迫击炮（左）、155 毫米口径榴弹炮（FH70）（右）。有组织的发挥间接火力是防御中必不可少的一步。
来源：日本陆上自卫队

83 式拖式布雷车可以在 1 小时内铺设超过 300 个反坦克地雷。　　来源：日本陆上自卫队

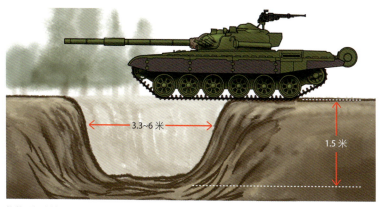

构筑反坦克壕。在现代战争的防御中，阻止或限制敌军坦克的行动是非常重要的。

## 防御③
### 现代战争的特点是立体防御

防御的主要目标是"摧毁敌军的进攻计划",阵地防御(Area Defense)与机动防御(Mobile Defense)是防御的两种基本方法。

成功的防御是摧毁敌军的进攻计划,确保自己的地域。根据思考方式的不同,有阵地防御和机动防御两种方法。阵地防御主要是防御方依托阵地来进行拦阻射击,机动防御则主要是防御方利用阵地的进攻行动带来的机动打击力量进行防御。

重视阵地的固定火力时,应将部队的大部分兵力部署在战斗阵地,以其猛烈的拦阻火力摧毁敌军的进攻。这种情况下后备部队也需要做好逆袭的准备。

以机动打击力量进行防御时,防御方将部队的主力部署在最容易进行机动打击的位置,在前方战线部署所需的最小限度的部队。部署在前方的部队,将依靠阵地的固定火力承担机动打击的支点(创造机动打击的条件)。

阵地防御和机动防御在理论上有明显区别,但是要想在现实中进行明确区分却是非常难的。

现代战争非常重视防空和反坦克防御。右图展示的是第四次中东战争开战初期(1973年10月),通过奇袭渡过苏伊士运河的埃及军队防备以色列国防军(IDF)坦克部队机动打击时的阵地防御。

埃及军队的防御部队完美阻止了以色列空军轰炸机从上空入侵,并在地面上准备了猛烈的反坦克火力点,摧毁了以色列国防军坦克部队。

## ■ 埃及军队的多层防空体系

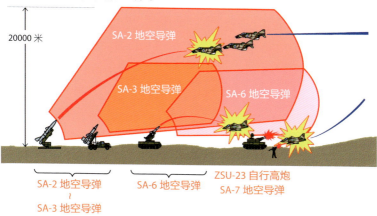

在第三次中东战争中,埃及军队因以色列空军轰炸机惨败。在第四次中东战争中,埃及军队用防空导弹组成了多层防空网,阻止了以色列空军轰炸机从上空入侵。

## ■ 埃及军队步兵的反坦克战斗

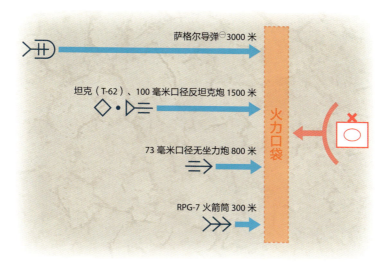

最大限度集中反坦克武器。

---

○ AT-3 反坦克导弹是北约对苏联生产的 9K11 反坦克导弹"婴儿"（Malyutka）的代号,美国国防部称其为"火泥箱"或"萨格尔"（Sagger）,是第一代反坦克导弹。——译者注

## 防御④
### 机动防御只是理论上的防御方式吗？

美国陆军是最具现代化的部队之一，他们对机动防御的定义如下：

> 军团以下的小规模部队通常不会进行机动防御。其理由是军团以下的部队不具备下述能力：在全正面、全纵深以及全空域的作战区域部署打击部队（Striking Force）、据点守备部队（Fixing Force）以及后备部队（Reserve Force），并同时完成复杂多样的战斗。
>
> ——FM3-90《战术》

如前文所述，机动防御是以机动打击力量为主的防御方式。其目标是击溃敌军的进攻，确保自己的地域。笔者在这里再强调一下，其目标并不是摧毁敌军。

在典型的机动防御中，美国陆军将全部战斗力的二分之一至三分之二配置在打击部队。师或师以下的部队全部充当据点守备部队或后备部队。美国陆军机动防御的目标不只是确保自己的地域，还要摧毁敌军。

机动防御若画在图上是很壮观的战术行动，但是典型的机动防御，尤其像日本陆上自卫队那样以步兵为主要力量的部队，还是把机动防御当作理论上的战术比较妥当。

在此我强调一下，即使阵地防御，也要做好反攻准备，进行机动打击，主动发起进攻。

### ■ 防御的方式

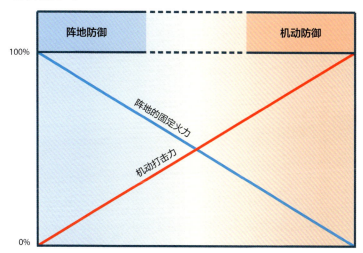

阵地防御时，固定火力占的比重加大；机动防御时，机动打击力量占的比重增大。

### ■ 机动打击的示意图

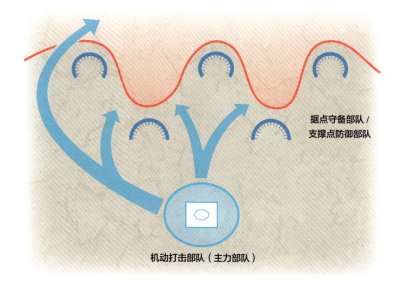

即使是阵地防御，用于反攻等机动打击的部队也是非常重要的。

# 战斗力的转换点
## 战争的转折点

　　回顾一下，战斗的一般目的是"击溃敌军，粉碎其企图"。为了达成这个目的，进攻是独一无二的战术行动。

　　为了完成作战的一般目的，最终必须选择进攻。在局部地区的战斗中，相对战斗力的比值是决定采取进攻还是防御战术的决定因素。

　　正如"3倍进攻"原则所述，进攻方若想压倒防御方并且击溃他们，应该集中防御方3倍以上的战斗力。而防御方应该采取各种手段，将相对战斗力保持在进攻方的三分之一以上，才能有可能防御成功，即粉碎敌军的进攻。

　　一旦发生战争，进攻方与防御方都必然会在战斗中造成士兵与武器的损耗，相对战斗力也会随着时间而发生变化。在这个变化过程中，相对战斗力的比值会发生逆转，这就是战斗力的转换点。

　　所谓战斗力的转换点，是指进攻方与防御方攻守转换的时机点。人类战争史上有很多因延误这个时机而战败的例子。

　　右上图表示的是战斗力转换的原因。交战导致战斗力降低、防御方增援部队抵达战场从而增强了战斗力、策源地到战场距离的远近等因素都会改变双方相对战斗力的比。

　　右下图表示进攻方与防御方都必须要瞄准战斗力的转换点，冷静谋划，分析利害得失，看准攻势终点，主动转向下一阶段的作战。

# 第 3 章 战斗的科学

■ 战斗力转换点的成因

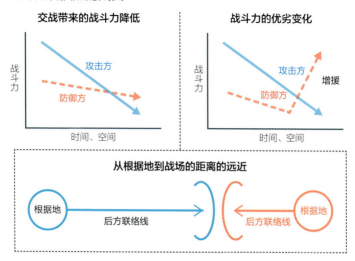

相对战斗力的比值在任何时刻都可能发生变化。

■ 战斗力转换点的意义

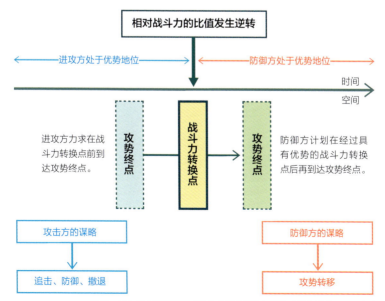

参考：日本战术理论研究委员会《战术理论入门》（田中书店，1969 年）

# 进攻方的策略①
## 在战斗力发生转换之前到达攻势终点

攻势终点是指由于战线的扩大、补给线的延伸、物资的匮乏（武器、弹药、粮食等）等原因，进攻方到达进攻作战能力极限的分界点。在人类的战争史中，由于对攻势终点的错误判断而导致全盘皆输的例子，不胜枚举。

战争是敌我双方战斗力的交锋，进攻方与防御方的战斗力都会随着时间的流逝而降低。要保持相对战斗力优势，就必须保持并不断增强战斗力，而最终的决定因素是确保补给线的安全。

日本在瓜达尔卡纳尔岛战役（1942年8月—1943年2月）的错误判断，给战争局势带来了重大影响。不用说战争的全局，即使是战术方面，也是要冷静判断攻势终点，追求战斗的胜利。

一般来说，攻势终点的本质是在战斗力发生转换之前到达该点，那么如何判断战斗力转换点呢？

在战斗中，相对战斗力会随着时间的变化而变化。重要的是，在保证相对战斗力处于优势的情况下，以有利于作战行动转换的状态来决定并指导下一步的作战计划。

现实情况是，判断并决定这个转换点是非常困难的一件事。所以，指挥官需要拥有冷静分析当前局势的科学知识，与着眼于大局观的指挥艺术，必须将二者相结合，进行决断。

从进攻向防御的转换，说起来很简单，但是在"进攻第一"的教条主义者看来是不可能实现的。这也是指挥官要追求精神的灵活性（机动原则）的原因。

## 第 3 章 战斗的科学

■ 战术中攻势终点的案例

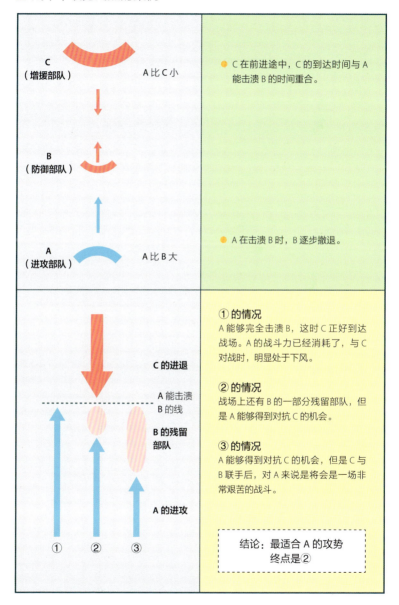

参考：日本战术理论研究委员会《战术理论入门》（田中书店，1969 年）

# 进攻方的策略②
## 迅速搜捕并歼灭逃离战场的敌军

追击（Pursuit）是在进攻末期为了完全切断敌军逃离战场的退路，搜捕并歼灭敌军而进行的进攻性行动，即所谓的阻止阶段。

直接追击部队对逃离战场的敌军反复进行应急进攻，以形成牵制。地面包围部队与直升机部队占领敌军后方的要道或者桥梁，形成包围圈，使敌人成为瓮中之鳖。理想的状态是包围部队与直接追击部队对敌军形成三明治式的包围状态。

包围部队要拥有强于逃离战场敌军部队的机动力，这一点至关重要。这是主力部队间接火力支援外的行动，所以要配备一部分的炮兵进行直接支援。持续保持战斗力（兵站支援）对于包围部队与直接追击部队极其重要，这毋庸置疑。

追击是在空中与地面进行的具有广度与深度的行动。因此，必须从进攻初期就开始预估、计划、准备，否则是不可能发动追击行动的。

在人类战争的历史中，除了在耶拿战役（1806年）中拿破仑指挥军队进行长距离追击以外，没有成功追击的例子。在现实中，当进攻部队处于疲惫不堪的状态时，士兵们大都满足于眼前的胜利而不选择追击。

如前文所述，到了追击的末期，从根据地到战场的距离变大，超过战斗力转换点，即物质战斗力的均衡状态容易逆转，这一点指挥官一定要留意。

## ■ 追击部队的部署

进攻方按照上图部署部队,敌军就成了瓮中之鳖。

## ■ 从突破到追击的示意图

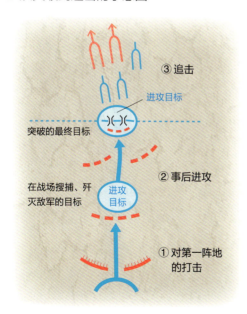

在现实中,以突破或者包围的方式将敌军歼灭在战场上是很困难的,最终还是需要追击。

# 防御方的策略
## 进攻性防御的目的是歼灭敌人

只要粉碎了敌人的进攻，就算是防御成功。但是进攻性防御不同，防御成功后的战斗至关重要。下面列举一个略显古老但很典型的例子——长篠之战。

1575年5月21日凌晨5点左右，6000人的武田军在设乐原对兵力比自己多3倍的织田与德川18000人联军的防御阵地展开进攻。

激烈的战斗持续到下午2点。联军主将织田信长看透武田军的进攻动力已经到了尽头，于是决定从防御转向进攻（这是本来的意图）。织田与德川联军冲出防护栏转向进攻。

织田与德川联军拥有优势战斗力，就算正面作战也可取胜，但织田信长为了确保取得胜利，竟然选择了阵地防御。那么确保取得胜利的条件到底是什么？

联军的胜算是3000支火枪（相当于现代战争中的反坦克枪），武田军的胜算是骑兵队猛冲带来的冲击力（相当于现代战争中的坦克）。织田信长以最适合发挥火枪威力的阵地防御方式设置防马栅及战壕，来击退武田军骑兵队的冲击。只要排除了骑兵队的威胁，后面的胜负就只是兵力数量问题了。

进攻性防御的目的是歼灭敌军。

虽然处于防御的状态，但是所有部队都是以进攻的状态在进行防御。拿破仑最著名的一场战役——奥斯特里茨战役，就是典型的进攻性防御。无论是织田信长还是拿破仑，都对取胜方式有明确的规划。

## 第3章 战斗的科学

■ 长篠之战示意图 1575年5月21日

织田与德川联军首先击退武田军的骑兵队，之后再一起转向进攻。
来源：木元宽明《日本自卫队教授对"战国·幕末合战"的正确解读》（双叶社，2015年）

16世纪后半叶的火枪都是火绳式的滑膛枪，有效射程100米，第二发子弹从装填到发射的时间，娴熟的士兵也需要20秒左右。在战场的实际情况是：如果骑兵队以20千米/时的速度前进，那么突破100米需要用15~20秒，可在第二发子弹发射之前冲进敌军阵地。织田信长转换思维，以火枪的交替射击解决了这一问题。

105

# 撤退
## 切断与敌人的接触，远离敌人

　　撤退（Retrograde）是在交战时切断与敌军的接触，与敌人保持一定的间隔，以应对新的作战计划的防御行动。日本陆上自卫队不喜欢《作战要务令》中后退这个词的语感，统一称为撤退。

　　在1944年的英帕尔战役中，英国的史密斯中将采用了高明的战术，在日军的后勤补给线完全延长之后再进行攻击，通过撤退行动将日军诱入英帕尔地区。而日本军队误将敌军的行动当作了撤退。

　　撤退分为自主撤退与受敌军压迫而进行的撤退。而撤退时防御的破绽可能导致全军覆灭，因此一般情况下要避开白天选择在夜间行动。

　　撤退行动分为两个阶段，一是交战时切断与敌军的接触，二是撤退后与敌军保持间隔。第一阶段的撤退行动十分具有特色。

　　虽说是自主撤退，但是眼下正与敌交战中，不能全体部队一起撤退。为了迷惑敌军，让其认为防御状态没有变化，应将部分一线部队的兵力作为断后部队，留在原有阵地；为了让敌军认为我方火力压制也没有变化，部分压制火力应继续射击。为了收容断后部队，应将收容部队设置在后方。

　　美军的旅将步枪连设置为断后部队，将步兵营设置为收容部队。美军有时也设敌后部队（Stay Behind Force），但会强调那是切实落实收容措施，不是执行自杀任务（Suicide Mission）。

## ■ 师级部队撤退示意图

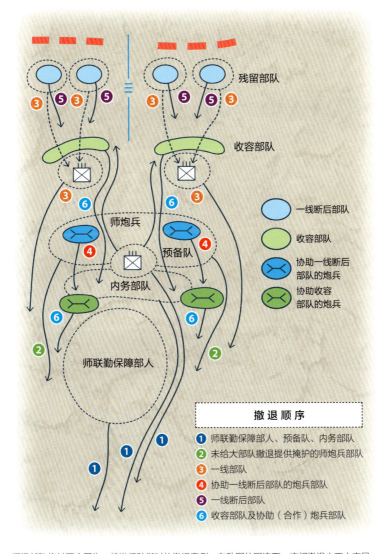

师级部队将其两个团为一线进行防御时的撤退案例。在敌军的围追下，夜间撤退也不太容易。

## 各个击破①
### 创造战机，选用兰彻斯特作战理论

兰彻斯特1916年发表了将从历代战争经验中归纳出的"集中原则"，用数学理论进行了解析，这就是广为人知的优势兵力必胜的原则。

兰彻斯特的作战理论将两军的兵力损耗用联立微分方程式来定义，其代表是第一线性定律和第二线性定律。

第一线性定律是单挑的法则，比如使用刀、枪、箭等个人战斗的集合决定战争的结果。一般情况下，胜利的决定性因素是集结比对方更多的兵力进行决战。

第二线性定律讲的是以综合战斗力进行的现代战争，证明战斗力与兵力值的平方有比例关系，兵力越集中越具有压倒性优势。现代战争不是士兵一对一的战争，而是通过热兵器（步枪、机关枪、大炮、坦克等）进行的有组织的战争。

即使整体处于劣势，但只要部分形成优势，就能战胜敌人。各个击破就是实现该战略的战术。

## ■ 兰彻斯特的作战理论

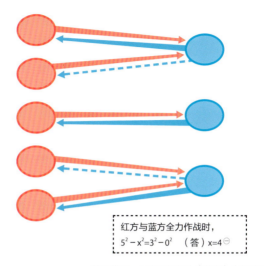

红方与蓝方全力作战时，
$5^2 - x^2 = 3^2 - 0^2$ （答）$x=4$ ⊖

按照模型，兵力 3 的部队（蓝方）全部被歼灭时，兵力 5 的部队（红方）变为 4，即有 80% 会生存下来。

## ■ 各个击破

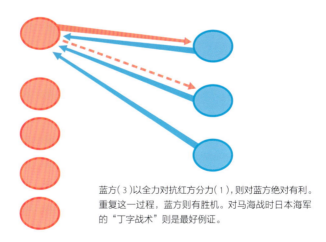

蓝方（3）以全力对抗红方分力（1），则对蓝方绝对有利。重复这一过程，蓝方则有胜机。对马海战时日本海军的"丁字战术"则是最好例证。

---

⊖ 兰彻斯特平方律 $\alpha[M^2-m(t)^2]=\beta[N^2-n(t)^2]$。本书假设毁伤率 $\alpha=\beta$，红方初始兵力为 M，蓝方为 N，m(t) 为红方随时间兵力变化值，n(t) 为蓝方随时间兵力变化值。——编者注

# 各个击破②
## 切勿错过敌人兵力分散的好机会

各个击破的目的是保持局部地区的优势，分别击破与其主力部队分割开的敌军，从而获得全局的胜利。各个击破的本质是兵力处于劣势时部队的战法，同时也是应对敌军部队的行动机会战法。

各个击破的短板是常常陷入被动状态，被敌人取得先机。所以，指挥官需要分析战况并且能做出沉着冷静的判断。成功进行各个击破最重要的要素是时间。

各个击破战术成立的条件如下：

① 敌军在时间、空间方面处于兵力分离的状态。

② 兵力分离状态是敌军的失误，此时就是运用各个击破战术的最佳时机。

③ 兵力从作战状态自然分离。比如，敌军在进行迂回战术时，必然会将兵力分散，此时或是机遇或是困境。

④ 能够在战场（与敌军的一部分进行作战）上将相对战斗力保持在优势状态。

⑤ 敌我双方都具有进攻意志（战争是双方意志的较量）。

⑥ 第2波进攻以后，要慎重考虑是否施行各个击破战术。

⑦ 具有优秀的情报活动，能探知敌军的整体情况。

⑧ 实施各个击破所必需的场地（能够进行牵制、机动、打击的战场宽度）。

⑨ 在友军的航空优势下能够充分发挥机动力和运动力。

⑩ 各级指挥官的决断力、洞察力、冒险心。

### ■ 横向分离示意图

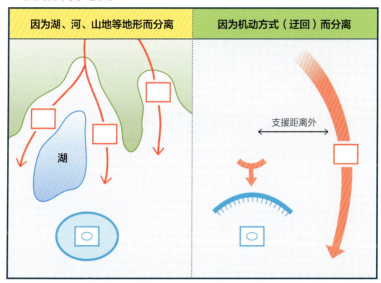

### ■ 纵向分离示意图

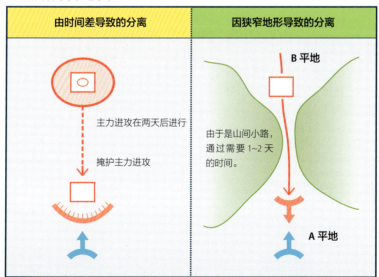

兵力分离是在时间或者空间等有限的条件内发生的。这个状态可以看作是困境,也可以看作是机遇。拿破仑在加尔达湖使用各个击破的战术(1796年)就完全改变了以前的战法。

# 各个击破③
## 反登陆作战要抓住登陆部队登陆后立足未稳的状况

由于敌军的进攻部队在海上、空中战斗力方面拥有压倒性的优势，可以全面支援登陆部队，所以在反登陆作战中防御方唯一的有利机会是登陆部队登陆后立足未稳的状况。

那么，登陆后立足未稳的状况是什么呢？

在登陆作战中，先遣部队登陆后构筑滩头阵地。接着，在滩头阵地的防护下，主力部队（陆军部队）登陆，并且向内陆逐渐扩大占领区域。

为了避免友军部队炮弹的误伤，海军陆战队登陆后，支援该部队的舰炮会延伸射击，航空进攻部队也采取同样措施。因此，在海岸附近与主力部队分离的海军陆战队得不到火力、航空支援，会暂时处于孤立无援的状态。

反登陆作战部队（防御部队）为了抓住这个机遇将敌军赶入大海，会使用各种手段进行进攻，即实施机动打击。不用说，以坦克为核心的装甲部队最适合担任打击任务。

因此，反登陆作战部队从登陆前的舰炮射击以及航空进攻中幸存下来，并能够向战场集中，是完成这一任务的前提。而且，机动打击的机会转瞬即逝。

反登陆作战的本质是，在登陆正面集中战斗力，抓住敌军建筑滩头阵地前后立足未稳的状况进攻。反登陆作战的目标是将敌军赶到海上。

## ■ 反登陆作战的本质

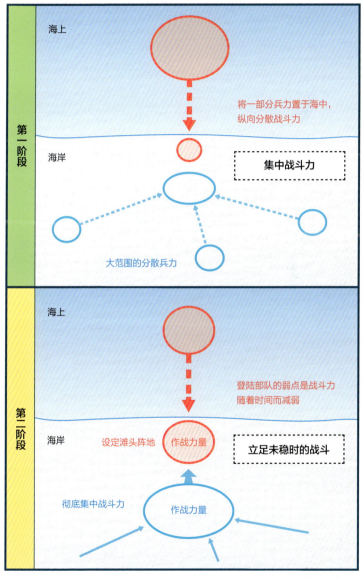

反登陆作战几乎没有成功案例。在诺曼底，盟军登陆后处于混乱状态，此时为德军装甲师反击的好机会，但是由于各种原因，他们并没有发起进攻。

# 互相支援
## 要像常山蛇那样首尾相顾

> 常山蛇的牙齿有剧毒,尾部有毒刺。据说只要它身体的任何部位受到攻击,其他部位都会迅速去营救。击其首则尾至,击其尾则首至,击其中则首尾俱至。
>
> ——落合丰三郎《孙子例解》

今天,为了更好地发挥战斗力,会在实际作战中将能够相互支援的队伍组编在一起组成联合军队(各兵种一体化部队)。

相互支援(Mutual Support)有以下两个方面:

一个是射程支援(Supporting Range)。被支援的部队在支援部队的间接射击火器(榴弹炮、迫击炮、火箭炮等)的最大射程内,连以下小规模部队则是在直射火器(坦克炮、机关枪、步枪等)的覆盖范围内。

另外一个是距离支援(Supporting Distance)。某一部队将要被敌人击溃时,如果其他部队适时驰援来共同抗击敌人,就形成了相互支援。

相互支援就是相互合作,共同对抗敌人。各部队为了在战场上最大限度地发挥战斗力,这种相互支援是必不可少的。要像常山蛇一样,头部被攻击就用尾部反击,尾部被攻击就用头部反击,腹部被攻击就同时用头部和尾部一起反击。

---

㊀ 常山蛇:古代传说中能互相支援的蛇。又解释为首尾呼应的一种阵法。　　——编者注

## ■ 依靠武器射程和距离进行支援的示意图

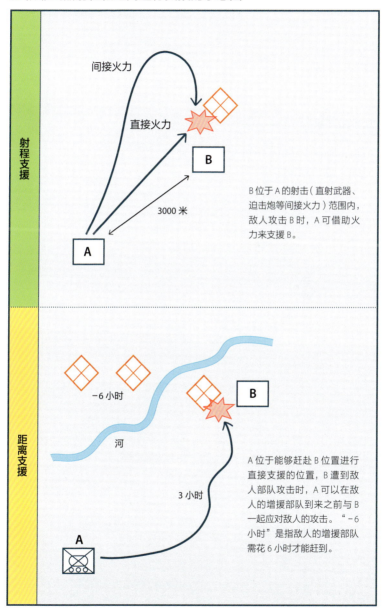

# 联合作战
## 发挥最佳战斗力的部队编制

战斗力由8个要素构成，即转移机动、作战情报、火力、保持战斗力、任务指挥、防护6个作战功能，再加上领导力和态势感知能力。

最能有效发挥部队战斗力的编制就是联合军队。联合军队的编成有以下两种方式：一种是兵力编成裁剪（Force Tailoring）。裁剪本来是指制作衣服，在这里是指组合各兵种部队最佳搭配的过程。右上图是美国陆军最典型的案例。

现在的美国陆军每个独立的师司令部，都配有几个旅战斗队（联合军队）以便根据不同情况完成任务。

第二种是特混编队（Task-organizing），即策划（设计）执行部队、参谋团的支援或后勤所需规模和构成，使之应对特定的任务。

说到任务部队的编制，虽然听起来很夸张，但其要点就是更有效地发挥战斗力，通过给下属部队配置所需要的兵力，派遣参谋团，处理后勤部门的特殊情况等，来遂行特定任务。

日本陆上自卫队的师团，是以相邻战斗主体的步兵或坦克连为骨干，再配置必要的部队（步兵、坦克、炮兵、工兵和后方部队等）而编成战斗力量的。

# 第 3 章 战斗的科学

■ 编成裁剪的方式

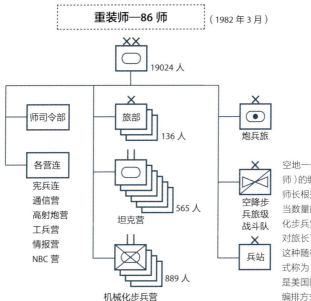

空地一体型重装师（86师）的编制有 3 个旅部，师长根据不同情况将适当数量的坦克营和机械化步兵营配置到旅部，对旅长下达战斗命令。这种随机编排部队的方式称为"裁剪式"，这是美国陆军传统的部队编排方式。

坦克连战斗团的编制。

## 蒸汽机性能的提高
### 使铁路发挥了重要作用

众所周知，1776年詹姆斯·瓦特改良的蒸汽机使工业革命及工业化社会发展迅速。进入19世纪，蒸汽机性能迅速提高，也用在了蒸汽船与蒸汽机车上。

铁路的发展，使部队的转移以及大量运输补给品成为可能，并且将战斗区域扩大到整个欧洲。铁路运输在美国的南北战争（1861—1865）中也发挥了重要作用。

图为1864年7月25日在彼得斯堡（弗吉尼亚州）拍摄的货车搭载的攻城迫击炮，可以说这是列车炮的原型。

13英寸（1英寸=2.54厘米）口径迫击炮。　　　　来源：网络

# 第 4 章

## 战斗的艺术
## ——指挥官的决断

　　到了他该下决定性判断的时候了。在权衡一切可能性的过程中,他一直保持沉默。最高司令官双手交握在桌子上,低头陷入沉思。史密斯少将被他那"漫长的沉默"所打动。在寂静中过了几分钟,有人说是2分钟,有人说是5分钟。艾克(昵称)终于扬起憔悴的面容,慢悠悠地喃喃自语:"我也认为我应该坚决执行……虽然我不喜欢那样做。但是已经不能再等了。再等的话,我就没有选择的余地了"。(艾森豪威尔诺曼底登陆作战行动的决断)

——柯尼利亚斯·莱恩
《史上最大的作战》(早川书房,1995年)

# 旅部的参谋组织
## 辅助指挥官，规划、调整并监督作战

本章旨在介绍旅长的战况判断过程，即旅部的指挥官和参谋的统一行动。在此先对旅部的组织、功能、特性等进行简单说明。

以美军斯特赖克旅战斗队（SBCT）为例。SBCT是由4200名士兵以及1000辆战车组成的轻装甲机械化步兵部队，其中包括300辆斯特赖克装甲车。全队所有车辆都搭载了数字设备，通过网络连接。

为了辅佐旅长对所属部队的指挥和控制（Command & Control），旅部将配备高级参谋（参谋长）以下的参谋。参谋有三种，分别为个人参谋、协调参谋和特别参谋（右图），由协调参谋负责协调参谋业务的主体。

美国陆军明确区分指挥官和参谋的作用，认为指挥是指挥官发令调度的艺术，控制是参谋实施的科学。参谋要及时为旅长的决断准备所需资料，将旅长下达的决断细化为作战计划和作战命令，监控作战的实施。

旅长根据指挥权指挥全旅。高级参谋统筹管理旅中所有参谋活动，同时还负责锻炼各参谋，建立一个卓越的参谋队伍。

右图以SBCT为例介绍了旅部参谋组织。在本书中，以下不使用高级参谋，而是使用参谋长表达。

第 4 章 战斗的艺术——指挥官的决断

■ 美军旅部参谋组织（例）

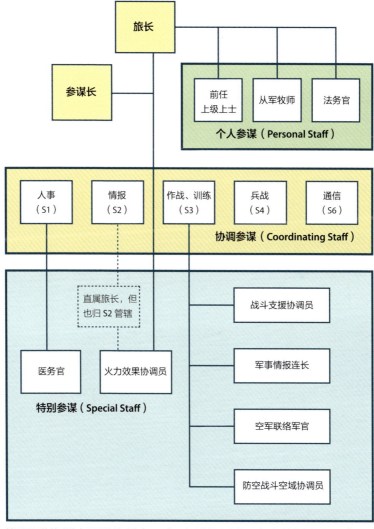

美国陆军旅战斗队有重型旅战斗队（HBCT）、步兵旅战斗队（IBCT）、斯特赖克旅战斗队（SBCT）三种类型。HBCT 和 IBCT 有副旅长职位，但 SBCT 没有。顺便说一下主要职位的级别为：旅长是上校，高级参谋是中校，协调参谋是少校。

参考：《旅战斗队》（2010 年）

# 有关决策的理论
## 判断情况的过程即解决问题的方法

1978年度诺贝尔经济学奖获得者赫伯特·A.西蒙参考军队的战情判断和情报活动创设了决策理论,军队也积极采用了西蒙理论的研究成果。战情判断过程不仅仅适用于军队的战情判断。

在日本,很多理论仅仅因为与军事相关就被敬而远之。但在欧美,从军队积累的各种智慧被积极地运用在管理理论和企业经营等方面,被社会广为接受。美军的战情判断等理论可以说是其中最有名的。

西蒙认为,通过适当的思考训练,可以改善决策,即程序化。他指出,军情判断(Estimate of the Situation),即分析军事关键问题时应该考虑的事项,就是程序化处理手段的例子。

美国陆军的战情判断过程(右图)将从接到任务到制订作战计划及命令的过程具体细化为7个步骤。整个过程不仅仅是思考顺序,也是具体执行的程序。

战情判断是将决策转化为方案,受过教育培训后,任何人都可以参与。换句话说,就是将被称为艺术的决策转化为科学,从而把它用作解决问题的一般方法。

# 第 4 章 战斗的艺术——指挥官的决断

■ 战情判断过程与情报评估、风险评估的关系

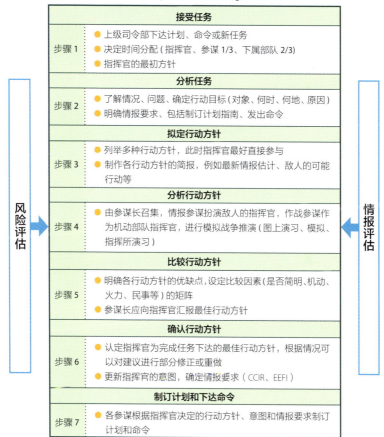

应用 1　　**排忧解难**

　　每个人作为组织的一员，都必须要解决各种各样的问题。战情判断过程作为解决问题的工具和手段，可以帮助你解决问题，请务必尝试一下。

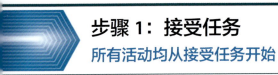

## 步骤1：接受任务
### 所有活动均从接受任务开始

下面将以美国陆军旅战斗队的旅部（Headquarters）为主体，对一系列战情判断过程进行讲述。

步骤1是接受任务。任务由师司令部作为作战计划或作战命令下达到旅部，旅长有时亲自对新任务进行前瞻和评估。从接到任务的瞬间，旅部的战情判断过程就开始了。

步骤1的目标是确定如何执行整个战情判断过程，其核心是时间节点的设定。

美军有三分之一规则和三分之二规则的严格规定。具体是：为了给下属部队留出准备的时间，旅部以攻击开始为基准点，使用进攻前的三分之一时间，其余的三分之二时间留给下属的步兵营和直辖连。

假设攻击开始前的时间为48小时，则旅部的时间为16小时，其余32小时为营以下部队的时间。也就是说，旅部必须在16小时内结束本步骤。

虽然战情判断的主角是旅长，但在本步骤中的主体是由协助旅长的参谋长领导的全体参谋（Staff）活动。而参谋活动是根据旅长的指挥（Guidance）和时间节点进行的。

# 第 4 章 战斗的艺术——指挥官的决断

■ 三方等价原则

旅长对于斯特赖克旅战斗队（SBCT）以及 SBCT 的全部行动负有总体责任和报告、说明义务。这包括有效运用所有可用资源，调控计划，组织协调整个下属部队的权限，以完成上级所赋予的任务。

来源：FM3-90.6《旅战斗队》

| 应用 2 | 需要解决的问题是什么？ |

问题可能是被下达的任务，也可能是自己设定的任务，也许是被迫面临与自己意愿无关的问题。

## 步骤 2：分析任务
### 分析任务，确立作战目标

任务通常是作为任务命令下达的。其宗旨不是指示具体如何实施，而是将具体实行要领交由旅长负责。因此，旅长必须对上级下达的任务进行详细分析，并自行决定具体的作战目标。步骤 2 就是进行这一操作。

在分析任务中，要分析师团的作战计划、作战命令、师长企图、作战概念等，明确哪些是一定要达成的目标，哪些是最好达成的目标。这样就可以明确任务完成的范围，即任务的下限和上限。

分析任务是战情判断过程中最重要的步骤。这是因为，旅长、参谋要理解当前的局面和问题，明确旅部（Who）应达成的事项（What）、什么时候（When）、在哪里实行（Where）以及最重要的作战目标（Why）。这是最初(正式决定以前的)旅长的意图以及制订作战计划的指针。

在步骤 2 中，明确了"5W"并将其具体化后，便可将旅长意图及制订计划的指针作为准备命令下达至旅部和下属所有部队。

这个阶段是基于三分之一规则在旅部内进行的活动，但下属部队也可根据准备命令并行或先行进行准备。同时，旅部的各参谋也明确了情报评估、风险测评等各种预估指向，参谋活动的目标也更加明确。

## ■ 步骤 2(分析任务)的定位

**样本的前提(要旨)**

A国的同盟国B，与邻国C在国境附近发生了武装冲突。A国为了应对同盟国B的危机，决定派一个师到B国。C国在边境附近集结了许多装甲部队。由于C国的游击破坏活动，导致B国国际机场Y(距边境约200千米)的功能大幅下降。Z地区是B国的战略要地。

⬇

**步骤1 接受任务**

A国第1前锋旅战斗队成为先遣部队，迅速向B国出发，使师主力更容易向Z地区进军(D日)。

⬇

**步骤2 分析任务**

A国第1前锋旅战斗队(Who)占领Y国际机场(What/Where)，在D日3小时内(When)，使师主力更容易进入Z地区(Why/Purpose)。

⬇

**步骤3 拟定行动方针(How)。**

---

**应用3　用"5W"来表达你的意愿**

你(Who)为了解决那个问题(Why)，什么时候(When)在哪里(Where)做什么(What)？

## 步骤3：拟定行动方针①
### 研究行动方针

在本步骤中，要具体考虑如何达成在步骤2中确定的作战目标（How），拟定数个具有可行性的行动方针（Course Of Action，COA）。

所谓行动方针，是指为了解决已知问题而提出的具体解决方法。所拟定的各项行动方针必须具备以下条件：

- 有完成任务的可能性
- 费用与效益要平衡
- 符合指挥官的计划和计划编制的指南
- 有区别于其他方案的特色
- 完全适用于整个作战

战情判断过程由主指挥所/旅部的计划组（Plans Cell）负责。以计划参谋（Plans Officer）为领导的计划组，是计划的制订、分析和实施等的核心，基本上可以从旅部的任何单元得到支援，进行作业。

即使是计划组的精英军官，其经验、知识、判断力等也是有限的。因此，在拟定、列举行动方针的阶段，不拘泥于既成观念，通过头脑风暴在自由交谈中产生独创性想法，这种讨论方法是值得推荐的。

在拟定行动方针的阶段进行相对战斗力的评价。关于战斗力在第2章中提到过，正确认识敌我的相对战斗力是打胜仗的基础，这一点是不言而喻的。

## 第 4 章 战斗的艺术——指挥官的决断

■ 我方行动方针的样本

| | |
|---|---|
| COA-1 | D-2 日 攻击开始，完全占领 Y 国际机场（普通攻击） |
| COA-2 | D-1 日 晚上攻击开始，完全占领 Y 国际机场（夜间攻击） |
| COA-3 | D 日 H 时 攻击开始，占领 Y 国际机场的主要跑道（强袭） |

注：D 日表示师主力到达日，D-2 日表示师主力到达日的前 2 天，D-1 天表示师主力到达日的前 1 天。

斯特赖克旅战斗队可以通过空中运输迅速展开作战。　　　　　　来源：美国陆军

### 应用 4　列举多个解决办法（How）

解决方案需要参考很多不同的意见，而不是个人狭隘的思考。头脑风暴不失为一种有效的方法。

# 步骤 3：拟定行动方针②
## 比较相对战斗力

比较相对战斗力，说起来简单，但其具体比较什么，又是在哪个水平上比较呢？

首先，要比较敌我双方同级别部队中低两级的机动部队（Maneuver Units）的数量。要是一个军的级别，比的就是旅战斗队，要是一个师的级别，那就比步兵营、合成营。其次，比较敌我方双方的弱点。如果我方坦克是1对敌方3，我方炮兵2对敌方1，那么敌方的弱点是炮兵，我方的弱点是坦克。由此，我们可以想象出克服我方弱点，利用敌方弱点的策略——封杀敌方坦克的行动，发挥有利于我方炮兵火力的战斗方式。

美国陆军在选择攻击、防御等战术行动时，就是以右图所示的战争史数据为标准。美军没有"进攻第一"这样的教条，他们往往是先积累好最终取胜的条件再行动。

在攻击敌人防守严密的防御阵地时，整个进攻部队通常要准备3倍于敌军的战斗力。这时，师级部队采用突破的攻击行动时，狭窄的突破正面的相对战斗力将增加至敌人的9倍。

在美军的相关教材中强调：不能只用部队数量这一个系数评价来拟定行动方针。也就是说，战斗力不仅是有形的要素，还要结合无形的要素——部队士气（Morale）以及训练水平（Levels of Training）来进行综合评价。

第 4 章　战斗的艺术——指挥官的决断

■ 从战争史看进攻与防御的最小战力比

| 我方任务 | 战况 | 我方：敌方 |
|---|---|---|
| 拖延行动<br>Delay | | 1：6 |
| 防御<br>Defend | 精心准备的阵地防御<br>Prepared or Fortified | 1：3 |
| 防御<br>Defend | 应急防御<br>Hasty | 1：2.5 |
| 攻击<br>Attack | （敌方）<br>精心准备的阵地防御 | 3：1 |
| 攻击<br>Attack | （敌方）<br>应急防御 | 2.5：1 |
| 逆袭<br>Counterattack | 对敌人的侧面<br>Flank | 1：1 |

人们常说的"3 倍进攻"的原则，是用战争史数据证实的原则。虽然这它只是一个标准，但至少作为科学依据是有效的。

来源：FM6-0《指挥官和参谋部的组织和行动》

## 应用 5　你的胜算是什么？

　　找出相对的劣势和优势，然后思索：能摆脱劣势，发挥优势的"胜算"究竟是什么。

# 步骤4：分析行动方针
## 进行模拟战争推演

在步骤4中，分析步骤3中列举的多个行动方针。通过分析，可以明确各行动方针的特性、优缺点、问题、应该处理的事项等。本步骤的目的是为指挥官提供制订作战计划、下达作战命令的重要依据。

具体的方法是实施了模拟战争推演。今天,随着计算机和IT(情报技术)的进步，我们可以进行真实的模拟对战。

模拟战争推演是将我方的行动方针和敌方的可能行动（Enemy COA）组合，分成敌方（红色）和我方（蓝色）来进行模拟对战。敌方的可能行动是其对我方行动做出的应对行动。情报组用情报评估来拟定敌方最有可能采取的行动，以及敌方采用后对我方行动方针最不利的地方等。

模拟战争推演有两个要点。

其一，率领红队（敌方）的情报参谋（S2）扮演敌方部队，红队完全使用敌方部队的战斗原则和战术战法，来调动和运用红队。然而说起来容易，做起来很难。如果推演做得不彻底，参谋就不能进行恰当的分析。

其二，不仅作战和情报工作人员要参加，还需要通信、宣传、民事、法务等各方负责人参加。由于专业参谋的参加，内容分析变得广泛和深入。模拟战争推演往往只能定性，但可以通过运筹学与系统分析（Operational Research/Systems Analysis，ORSA）参谋进行定量分析。

## ■ 敌方可能行动样本

| E/COA-1 | 机甲部队进行地面进攻 |
|---|---|
| E/COA-2 | 空中轰炸、导弹攻击等 |
| E/COA-3 | 无军事介入 |

## ■ 我方行动方针与敌方的可能行动组合表

| | | 敌方的可能行动 | | |
|---|---|---|---|---|
| | | E/COA-1 | E/COA-2 | E/COA-3 |
| 我方行动方针 | E/COA-1 | | | |
| | E/COA-2 | | | |
| | E/COA-3 | | | |

模拟战争推演将我方的行动方针和敌人的可能行动结合起来，逐一进行。

---

| 应用 6 | 详细分析各解决方案 |

意识到摆在面前的几个障碍可能是最大、最棘手的问题，将之一一具体分析。

# 步骤 5：比较行动方针
## 向指挥官汇报的最佳行动方针

在步骤 5 中，参谋长在比较各行动方针的优劣后，向指挥官报告最佳行动方针，即将在之前按单元进行的参谋作业中得出的最佳行动方针报告给旅长。

战情判断过程是由参谋长以下人员实施的参谋活动为主体，除了指挥官的决断之外，大部分都是程序化（科学）的东西，其中没有个人想法随意发挥的余地。本步骤的目的是客观地、逻辑性地进行决策。

为了客观地、有逻辑地比较各行动方针，在此使用决策矩阵（Decision Matrix）。在矩阵中，选定用于比较、评价各行动方针的评定标准（Evaluation Criteria）。这些标准是从任务分析和拟定行动方针的过程中出现的，有助于评价各行动方针的效果和效率。

所谓决定最佳行动方针，就是从拟定的多个方案中选择最佳的一个方案。因此，参谋长重视的主要因素是什么，就以什么为重点，比较各行动方针的优劣。

右图是美国陆军的例子，但我认为这种做法符合美国陆军追求合理性的一贯作风。这里有人要问，具体重视哪个因素？将比重放在其中哪里呢？这是考察参谋长能力的地方。

## ■ 确定矩阵的样本

| 评定标准 | 比重 | COA-1 | COA-2 | COA-3 |
|---|---|---|---|---|
| 简明 | 2 | 2<br>4 | 1<br>2 | 1<br>2 |
| 机动 | 1 | 1<br>1 | 1<br>1 | 1<br>1 |
| 火力 | 1 | 1<br>1 | 1<br>1 | 1<br>1 |
| 偷袭 | 2 | 1<br>2 | 2<br>4 | 2<br>4 |
| 环境保护 | 2 | 1<br>2 | 1<br>2 | 2<br>4 |
| 战斗力维持 | 1 | 2<br>2 | 1<br>1 | 1<br>1 |
| 总分<br>含比重的总分 | | 8<br>12 | 7<br>11 | 8<br>13 |

上表只是一个例子，但是我们可以理解为根据评定标准的不同，结论也会发生变化。

---

**应用 7　将解决方案聚焦为一个整体**

为了将解决对策整合为一个整体，重视什么，把比重放在哪里，这些非常重要。要是个人的决策，这就是解决办法；若是组织决策，就要报告给上司决策。

## 步骤 6：确认行动方针
### 指挥官的决断至关重要

参谋长把判断为最优的方案报告给旅长，如果旅长同意的话，就确定将其作为旅的行动方针（旅长的意图）。从这个意义上来讲，可以说步骤 6 是决定旅级部队目标的节点。

在此需要明确的是，步骤 6 即批准参谋长报告方案的会议，并不是例行公事。参谋长的报告方案并不一定得到批准，有的地方可能需要修改，也可能根据情况全部重做。

旅长和参谋长的关系是不可分割的，正常来说两者在认识上没有分歧。话虽如此，理论上旅长的经验、知识、判断力超过参谋长，所以即便是参谋长，也有可能无法充分理解旅长的意图。最终，旅长可能会修正部分方案。

我认为，在步骤 6 中明示这种变更的可能性是本过程的特色之一，也是决策理论的优良之处。

> "指挥官最重要的义务是做决定。参谋向指挥官提供情报，但不能自己做出任何决定。"
>
> ——富勒

指挥官的决断至关重要，这是因为指挥官的决断决定了战争的成败，掌握着士兵的生死……

第 4 章 战斗的艺术——指挥官的决断

■ 旅长的意图

旅的行动方针
第一前锋旅战斗队于 D-2 日开始攻击，占领 Y 国际机场，D 日 3 小时内保障师主力向 Z 地区进军顺畅。

一切均从指挥官的决定开始

来源：日本陆上自卫队

| 应用 8 | 用 "5W1H" 来表示确定的解决方案 |

在日常工作中，方案已经形成的情况下，也要根据上司的指导进行部分修改或者全部重做。

## 步骤 7：制订计划和下达命令
### 制订计划和下达命令给所属部队

在确定行动方针的阶段（步骤6）中，旅的任务、旅长的计划、新情报要求、作战理念、作战地域、下属部队的主要任务、作战规定以外的准备事项、作战的最终时间节点等会作为准备命令发出。

在本步骤中，参谋将确定的行动方针（OCA）转换为明确简洁的作战理念，以规定的格式制订旅作战计划或旅命令。

计划是以能实行为前提制订的具体计划和方案，实施的时候参谋会指示下属部队执行。命令是给予旅长的权限，受令的下级部队指挥官有责任完成任务（三方等价的原则）。

在此，请回忆步骤1中讲到的三分之一规则和三分之二规则。旅部的时间是16小时，剩下的32小时是营以下部队的时间，即旅部以本步骤结束战情判断过程。

负责本流程的计划参谋小组编制计划、命令、附件，完成这些后着手制订下一次作战计划。当前的作战由作战参谋小组接替。

"不作为与迟疑不决，乃指挥官之忌"。上司的优柔寡断，会错失决断的时机——这是在有完美主义的上司身上经常发生的，不用说这必然会给组织带来不良影响。三分之一规则和三分之二规则就是为了防止这种情况发生。

## ■ "沙漠风暴"行动示意图

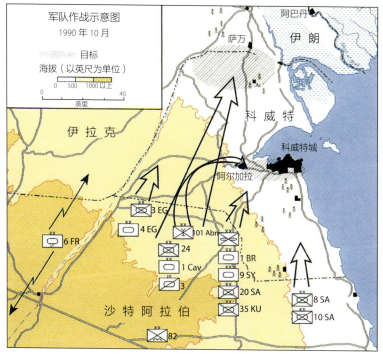

这是"沙漠风暴"行动示意图。在作战计划和作战命令中添加这样的示意图,使受令者更容易理解命令内容。

来源:美国陆军

| 应用 9 | **制订具体的实施计划** |

　　不能只满足于制订计划,还要能切实执行其内容。虽然根据情况的变化可能会修改部分内容,但是必须坚持一贯的方针。

# 危险系数评估
## 甄别风险因素，削减危险危害

如本章开头所述，通过战情判断过程的每一步，都可导入风险评估（Composite Risk Management，CRM）的结果。这是为了识别所有风险因素，减轻风险。这些因素会给队员造成伤亡，损坏和破坏装备，从而对完成部队任务造成影响。

作战中伴随着各种风险，CRM的真正目的是在于提前预判，并最大限度地降低所有能够降低的风险。

CRM是一个涵盖整个作战的防护过程，由防护组（Protection Cell）负责。在旅部，通常将精通风险管理的退役军官、作战参谋或者退役陆军上士指定为防护军官（Protection Officer）。

CRM最终会识别风险因素，对风险级别进行评级，确定对策进行控制。判定风险的要领是通过认识可以允许发生的风险，合理平衡风险带来的损失（代价）。

军队通过对大量的有关文件、战场上得到的教训和经验进行总结，数字化部队通过硬件、软件和服务的一体化处理，可将其有机地运用到CRM中。

居住在岛上的日本民众，一般来说风险意识比较薄弱，发生过许多令人懊悔的事件。如果日本有风机管理的意识，就会事前采取一些防范措施，防患于未然。

# 第4章 战斗的艺术——指挥官的决断

■ 准备命令示意图

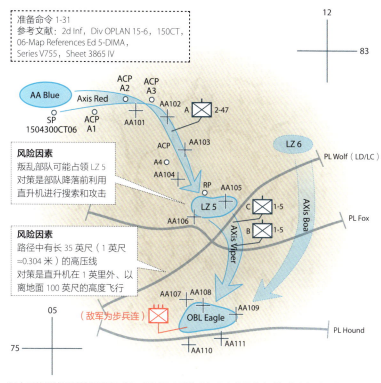

图中具体描述了风险因素和对策。通过示意图将准备命令传达给直升机执行部队，执行部队了解风险因素和对策，经过准备后，前去作战。

参考：FM5-19《风险评估》

| 应用 10 | 要解决的问题中潜藏的危险是什么？ |

世上充满了各种风险，我们必须预知风险，并适当地应对。

## 情报评估
### 要了解战场环境，摸清敌人可能的行动

情报评估是为了考虑战场的地理环境对敌我部队的影响，明确敌人可能采取的行动、实施攻击的概率和弱点，为指挥官决断提供参考。该项工作与战情判断不可分割，在作战前、作战准备期间、作战实施之间持续进行，营以上的部队由情报参谋（S2）负责。

情报评估（Intelligence Preparation Battlefield，IPB），直译为战场情报准备。也就是说，在战场这个"擂台"上的所有事物都是评估对象。

情报评估与战情判断过程密切相关。IPB的结果给各参谋实施各项评估提供了基础。

不仅是情报参谋，电子战参谋、工兵参谋、防空参谋、战斗支援和战斗力维持支援参谋、化学参谋等也在各自的专业领域进行情报评估，将其结果纳入战情判断中，并进行整编。

旅部情报组（Intelligence Cell）将敌情、地形和气象、平民因素等情报统一整合，作为IPB、ISR（情报、监视、侦察）实施细则，将确定的情报提供给必要的指挥官、部队、部门等。

情报组是与军事情报紧密相连的组织，在旅情报参谋（S2）的管理下，军事情报连长监控全部活动。侦察营、军事情报连以及其他旅战斗队各部队ISR都集中在情报组。

## ■ 军事情报领域

| 种类 | 概要 | 旅战斗队 |
|---|---|---|
| 公开情报<br>Open-source Intelligence | 在公共媒体（声明、文档和公共广播）、互联网上公开的情报。 | 无特定组织 |
| 人力情报<br>Human Intelligence | 专业情报人员从线下与多媒体收集情报资料。以人为收集的手段，直接、间接地收集情报资料。 | 战术人力情报排／军事情报连（讯问、反情报活动等） |
| 影像情报<br>Imagery Intelligence | 由光学、红外线、激光、多光谱相机，雷达等采集并成像的情报。 | 无人机排／监视连<br>侦察排／侦察连 |
| 信号情报<br>Signal Intelligence | 通过监听敌方通信信号（通信情报）、电磁波信号（电子情报）得到的情报。 | 地面传感器排／监视连（用"预言者"系统进行地面监视和电子侦察等） |
| 技术情报<br>Technical Intelligence | 防止技术突袭，对外国科技能力的评价和对抗敌人技术优势的手段开发，以及对军事装备，物资等方面的情报。 | 无特定组织 |
| 测量与科学情报<br>Measurement and Scientific Intelligence | 探测、跟踪、识别固定或移动目标，或说明其特异的性质和特征。 | NBC侦察排／监视连 |
| 地理空间情报<br>Geospatial Intelligence | 为了说明、评价和描述地球上的物理特征和地理特征，解析、分析图像和空间情报资料（旅级部队，要汇总为作战图）。 | 地理空间情报组（由接受地理空间工程师支援的图像分析人员构成） |

| 应用 11 | **你真正想知道的情报是什么？** |
|---|---|

如果明确自己想知道的事情，开启所有的探测手段，你所需要的情报资料就会自然而然地聚集起来。

# METT-TC
## 分队指挥官、队长的指挥顺序

战情判断过程的对象是配备参谋的营以上部队，没有配备参谋的部队的指挥官使用的是部队领导程序（Troop Leading Procedures，TLP）。顺便介绍一下，在美军中，连长以上称为指挥官（Commander），以下的排长、班长、组长等称为队长（Leader）。指挥官和队长的区别在于是否被赋予了指挥权等权限。排长以下的队长被暂时委任连长的指挥权，指挥排、班等，平时当连长的助手，辅佐连长。

营以上的部队中，作为总部指挥部门活动即参谋活动的一环，要进行战情判断。而连以下的部队，部队指挥和战情判断是一体的。

TLP是一个解决问题的方法，对象是连以下的排、班部队。战情判断过程和TLP相似，但不完全相同。在连队以下规模的部队，战情判断过程不是指挥部门活动，而是与部队的实际行动相联系，比如向集结地或攻击位置移动、派出侦察兵等。

在连长以下规模的部队，任务分析根据METT-TC的6要素（右图）进行。METT-TC是为了便于记忆战情判断过程而进行了简洁表述，其中凝聚了战情判断过程中不可或缺的要素。

坦克部队早期使用了METT，由于环境的变化或任务的多样化，又添加了TC，现在METT-TC作为战情判断工具在各部队广泛使用。

# 第 4 章 战斗的艺术——指挥官的决断

## ■ METT-TC 的 6 要素

| | | | | |
|---|---|---|---|---|
| **M**<br>Mission<br>分析任务 | ● 完全理解上级领导的意图<br>● 必须实现的目标<br>● 希望实现的目标 | | | |
| **E**<br>Enemy<br>分析敌情 | ● 灵活运用上级部队配给的敌情图<br>● 到下一级部队考察细节 | | | |
| **T**<br>Terrain & Weather<br>气象、地形分析 | O | Observation & Field of Fire | | 视野・射界 |
| | A | Avenues of Approach | | 接近路径 |
| | K | Key Terrain | | 重要地形 |
| | O | Obstacles | | 障碍 |
| | C | Cover & Concealment | | 掩蔽、隐蔽 |
| | 气象 | 视野、风、降雨量、云量、湿度、温度 | | |
| **T**<br>Troops & Support Available<br>友军及受支援可能性分析 | ● 对所在队伍的能力进行现实且冷静的判断<br>● 考察士兵的士气、经验、熟练度等<br>● 考察可能支援的部队和对其作战能力的评估（间接支援火力：炮兵、迫击炮的数量和种类等） | | | |
| **T**<br>Time Available<br>设置时间节点 | ● 严格遵守三分之一规则和三分之二规则 | | | |
| **C**<br>Civil Consideration<br>分析平民因素 | A | Areas | | 重要平民地区 |
| | S | Structures | | 发电站、医院等设施 |
| | C | Capabilities | | 资源服务供应 |
| | O | Organization | | 非军事组织、设施，如非政府组织（NGO） |
| | P | People | | 作战地区的平民 |
| | E | Events | | 传统活动、祭祀活动 |

来源：FM5-0《运作过程》

### 应用 12 建立具有自己风格的 METT-TC

当我们面对各种问题时，用METT-TC各因素进行分析，也可以得出适当的结论。

聚焦

## 内燃机的发明
### 作战方式发生了革命性变化

19世纪后期，内燃机诞生了，随后人类又发明了飞机。第一次世界大战时，坦克和飞机等新式武器参战，给战斗方式带来了划时代变革，战术也发生巨大改变。迄今为止的战争（战略）受到铁路、公路、河流等路况地形很大限制，但使用汽油发动机的坦克和履带车辆可以越野行驶，这消除了上述路况限制，使地面部队与空中部队协同的闪电战的战术、战法成为可能。

1916年正在英国萨福克郡训练的Mark I坦克。这是为摧毁敌人机枪阵地和铁丝网，突破战壕而开发的坦克，在索姆河战役中作为新兵器登场参战。　　　　　来源：网络

# 第5章

# 艺术与科学的叙事诗
## ——经典战例

之所以将对战争本质的理解求诸战争史,是因为战争无论在哪个时代,使用何种兵器,从本质上来讲,人是根本,是由人来掌控的。

——西浦进《兵学入门》
（田中书店,1975年）

# 各个击破战例①
## 对马海战乃指挥艺术与战术科学的完美结合

提到对马海战（1905年5月27日），"东乡敌前大回头"日本民众皆知，即日本联合舰队面对俄国海军波罗的海舰队时突然向左转弯。具体是种什么战术呢？

"东乡敌前大回头"是日本联合舰队总司令东乡平八郎在日俄两国舰队决战战场上果断采取的战术，该战术是日本联合舰队参谋秋山真之所创造的丁字战法。

日本联合舰队的作战目标是歼灭来袭的俄国舰队。这场舰队决战，如果不能全歼俄国舰队，将危及国家存亡。

丁字战法是秋山真之绞尽脑汁想出来的必杀战术，不是你死，就是我活。

秋山真之说："自己怠慢一天，日本将落后一日。"日本预料到日俄战争不可避免，将研发海军战术的工作交给了秋山真之，他以发明战胜俄国舰队的战略战术为己任，创造出了著名的丁字战法。

当然，无论秋山真之多么聪明，其方案如何卓越，将它付诸实践的还是指挥官即联合舰队总司令。

这场被载入战史的歼灭战，是秋山参谋的战术科学与东乡总司令指挥艺术的完美结合。

## 第 5 章 艺术与科学的叙事诗——经典战例

■ 秋山真之丁字战法的示意图

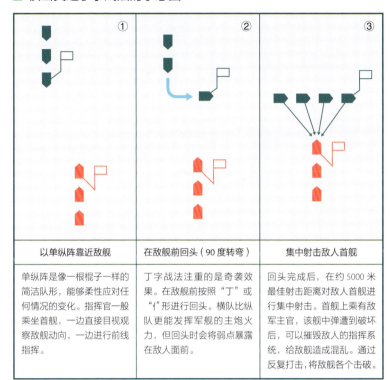

| ① | ② | ③ |
|---|---|---|
| 以单纵阵靠近敌舰 | 在敌舰前回头（90 度转弯） | 集中射击敌人首舰 |
| 单纵阵是像一根棍子一样的简洁队形，能够柔性应对任何情况的变化。指挥官一般乘坐首舰，一边直接目视观察敌舰动向，一边进行前线指挥。 | 丁字战法注重的是奇袭效果。在敌舰前按照"丁"或"イ"形进行回头。横队比纵队更能发挥军舰的主炮火力，但回头时会将弱点暴露在敌人面前。 | 回头完成后，在约 5000 米最佳射击距离对敌人首舰进行集中射击。首舰上乘有敌军主官，该舰中弹遭到破坏后，可以摧毁敌人的指挥系统，给敌舰造成混乱。通过反复打击，将敌舰各个击破。 |

日本联合舰队旗舰"三笠"舰上的情景。画面中间最突出的是东乡总司令，其左边为参谋长加藤友三郎，其右为参谋秋山真之。

来源：网络

# 各个击破战例②
## 拿破仑在加尔达湖畔将旧战术运用一新

　　拿破仑非常重视动能定理在战争中的应用，他在加尔达湖畔的战斗中最大限度地发挥了动能定理，打败了处于优势的奥地利军，当时使用的就是各个击破的新战术。

　　1796年7月，面对包围曼图亚要塞（1万守军）的3万法军，奥地利军开始南下。奥地利军共计5万人，加尔达湖西岸2万人，东岸2万5千人，湖东面的布伦塔河谷5千人。

　　按照陈旧的战术常识，此种兵力分布态势对法军是极其不利的，因为会被夹击，但拿破仑却把它当成了对奥地利军实施各个击破的绝佳机会。

　　战斗经过如右图所示，法军持续强行军，为了加快移动速度将大炮埋于地下，据说拿破仑1人就累倒了5匹马。

　　拿破仑的参谋安托万·亨利·约米尼（Antoine-Henri Jomini）叙述道：拿破仑在地图上快速拨动着带有直线距离17~20英尺（陆上距离35~40千米）刻度的圆规，眨眼间就决定了各纵队行军所需要的日程。也就是说，拿破仑自己兼具指挥官和参谋长两个角色，将参谋的战术科学与指挥官的指挥艺术融为一体。

　　这种方式在拿破仑能够直接指挥的小规模战场上是极其有效的，但如果作战区域扩大到整个欧洲，军队规模更大的话，就不起作用了。

## ■ 拿破仑在加尔达湖畔的各个击破战术（7月31日—8月5日）

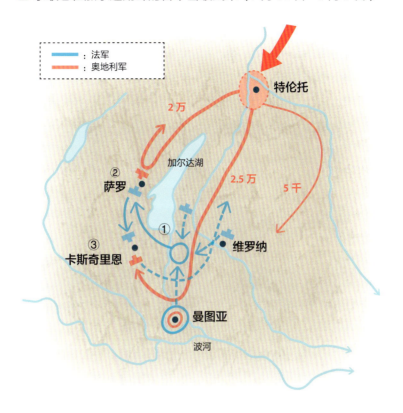

| ① 在曼图亚要塞留下一部分监视的部队，集结全军 | 1796年7月，3万法军全力进攻曼图亚要塞。拿破仑了解到5万奥地利军从蒂罗尔开始南进后，将一部分士兵留下监视敌军，其余全部部队集结在加尔达湖南岸。 |
|---|---|
| ② 全速强行军至萨罗，击溃加尔达湖西岸2万奥地利军。 | 如果让兵分三路南下的奥地利军集合在一起，法军就毫无胜算。拿破仑抓住了在地理上分割为左右两部分的奥地利军的弱点，8月3日于加尔达湖西岸的萨罗一举歼灭了2万奥地利军。 |
| ③ 夺回卡斯奇里恩，歼灭奥地利主力军2.5万人 | 在萨罗击溃奥地利军后，法军直接后退，8月5日将迫近后方的奥地利主力军2.5万人歼灭于卡斯奇里恩。强行军→进攻，再强行军→进攻，这是一种前所未闻的战法，是一种新战术。 |

# 空地一体战
## 作战方式发生巨变

20世纪80年代,当时的美国里根政权着力于重建强大的美国。而美国陆军革新的战斗口号就是"空地一体战"。这是必须尽早采取对策的课题,是军事现代化的象征。

空地一体战的目标是为了击退东欧华沙条约组织的远距离纵深进攻(Deep Attack),并在陆战中取得胜利,这是一个进攻主义的口号。

空地一体战的假想战场是NBC(核、生物和化学武器)和EW(电子战)环境,攻击纵深达300千米。如果将当时美国陆军14个师的兵力全部派出,可达140个营,420个连;如果再加上北大西洋公约组织(NATO)联军,机动部队将超过1000个连。

在如此广阔的战场上,各级指挥官必须独立行动,洞察全局,分析各种情况,以达成整体目标。

理念发生变化,战法当然也要随之变化。虽然战术的原则和原理是不变的,但其适用方法要随着情况的变化而变化。这种变化就像是从橄榄球队员的配合模式变为足球队员间的配合模式。

本人曾经在日本陆上幕僚监部调查部任职,当时在工作中有很多机会接触关于美国空地一体战的资料,我深感作战方式发生巨变会对未来的战争形态产生深远影响。

## 橄榄球队员与足球队员间不同的配合方式

橄榄球是全部运动员按照教练的指示一起行动。战术有几种,这些战术中每个运动员的职责是固定的,所以全部运动员按照教练的指示行动。比赛中多次反复该战术。通过练习,掌握丰富的战术,在比赛中完美地执行,就可看到胜利的曙光。每个运动员都是棋子,只有全能的教练一个人是指挥官。

来源:visualhunt

足球是每个运动员都是指挥官。虽然教练布置整场比赛的方针,但比赛中每个运动员对场上整体情况分别作出判断,采取相应行动。而在空地一体战的战场上,连长必须像足球运动员,要独立行动,独自判断情况,积极主动作为,以达成整体目标(胜利)。

来源:visualhunt

# 美国南北战争
## 职业军人所指挥的现代战争

美国北方军兵工厂在战争期间4年制造了400万支轻武器（来复枪、卡宾枪、柯尔特手枪、雷明顿手枪等）和超过10亿根雷管，补给前线士兵。

北方军的军用铁道队1年制造了365辆机车、4203辆货车，铁路补给量超过500万吨，铁路建设队为了确保铁路运输，短期内在许多河上架设了多座桥梁。

仅列举这些零星的数字，就仿佛陷入了在讲述现代战争的错觉。然而美国南北战争（1861—1865年）与日本幕末为同一时代。当时的幕府大老井伊直弼被暗杀，坂本龙马为改革四处奔走，"新选组"㈠被委任维持治安。

美国南北战争期间，两军共计超过320万的士兵在东西1600千米，南北1300千米的广阔地域作战4年，在160多个地点进行了战斗，20万人战死，50万人受伤，这是令人震惊的数字。

1802年，美国在纽约州的西点创立了陆军军官学院（西点军校）。在南北战争中，从最高司令到一线连长，从指导战争、拟定作战计划到指挥作战的都是西点军校的毕业生。

拿破仑的参谋安托万·亨利·约米尼1838年完成了著作《战争的艺术》，将最新的军事理论应用到实战中。据说美国南北两军的官兵在战壕中都读了约米尼的战术书。

---

㈠ 新选组是日本幕末时期一个忠于幕府的武士组织，也是幕府末期浪人的武装团体。

——译者注

## 第 5 章 艺术与科学的叙事诗——经典战例

■ 南北战争中使用的武器

- M1861 式步枪
- M1855 步枪
- 科尔特海军左轮手枪
- 夏普斯步枪（卡宾枪）
- 雷明顿陆军左轮手枪
- 斯宾塞连发步枪

参考：威廉姆·皮尔斯《美国南北战争手册》

南北战争时主力野战炮 12 磅拿破仑炮。照片摄于彼得堡。

铁路货车搭载的 13 英寸口径攻城迫击炮。北部军用它可将重达 200 磅（约 91 千克）的爆破弹发射到 2 英里外的南方军阵地。

# 鸟羽、伏见之战
## 日本幕府无培养军官的军校

鸟羽·伏见之战发生在1868年1月3日,共持续了4天。这是当时日本萨摩藩和长州藩组成的西式军队联合军与由幕府军和西式军队组成的混合军之间的对决,也是新旧战术的对决。

幕府也有步兵队和传习队㊀这样的西式部队。仅用西式部队来比较联军和混合军的相对战斗力,幕府在数量上是占优势的。那么,幕府为什么在战斗中惨败了呢?

此次战役的结论就是幕府方面没有能够学习近代战术、理解近代战争、能够运用、指挥西式军队的人才。幕府录用人才是门阀世袭,不管军事能力如何,上级旗本(日本江户时代俸禄在1万石以下,500石以上的直属将军的武士)都能当上军队司令。日本战国时代的武将,是在交战如家常便饭的环境中成长起来的,而幕府的指挥官,基本没有机会接受作为军人的教育和训练。

幕府虽然有培养文官的学校,但在幕府存续的200年间始终没有建立培养武官的学校。

对当时的日本来说,采用西方军队的编制意味着身份制度的崩溃。虽然在萨摩潘和长州藩内也有不同声音,但还是自上而下地组织了西式军队。而幕府是由旗本、御家人组成的庞大组织,直到幕府瓦解也未能实现自我变革。可以说鸟羽、伏见之战在战斗之前就已分出胜负。

---

㊀ 传习队是一支在日本幕末时期德川幕府军的精锐部队。　——译者注

日本幕府于 1863 年组建了步兵队，由于旗本没有西式军队的经验，仅靠译本上的知识是有局限的，在深刻认识到长州战争的后果之后，幕府决定进行兵制改革，将幕府直辖军旗本军事化，邀请法国军事顾问进行三兵（步兵、骑兵、炮兵）操练。1867 年 1 月 13 日，法国军事顾问团一行抵达横滨，第二天将太田家的阵屋作为三兵屯所开始训练。前排右起第二位是顾问团成员朱尔斯·布鲁内。

来源：网络

# 梦幻的"1919年计划"
## 攻击敌军司令部，使其指挥系统瘫痪

第一次世界大战末期，为打开胶着的西部战线局面，英军坦克军团参谋长富勒中校打出了一张终结战争的王牌，构想出了"1919年计划"。但是1918年11月西部战线的作战结束后，"1919年计划"被废除，没有实行。

该计划集中投入由高速坦克组成的坦克营，新构思是直接攻击敌人的各司令部，端掉或打散司令部。同时，用所有轰炸机集中轰炸敌人的交通和补给中枢。这些作战成功后，再用常规方法袭击敌人的第一线，突破敌人的防线，最后转入追击。

——富勒《战争指挥1789—1961年》

"1919年计划"是一个宏伟构想，是将150～160千米作战正面中的80千米为攻击正面，投入约5000辆坦克，在1919年5月前投入关键的D型中型坦克（构思阶段）约2000辆。

"1919年计划"的实质不是大规模的破坏，而是通过迅速、精准的攻击使敌人的指挥系统瘫痪，强迫敌人投降。

富勒的理论后来发展成李德·哈特（Liddell-Hart）的间接路线理论，并影响了以色列国防军和美国陆军，并在当今的第五战场上再次受到关注。

## ■ 所需坦克数的估算

> 前提：作战正面 150～160 千米，攻击正面 80 千米，不包括装甲运输车。

| 部队 | 核定数值的基础 | 任务 | 车种 | 数量 | 合计 |
|---|---|---|---|---|---|
| 突破部队 | 重型坦克助攻部队进攻敌人防御阵地，主攻部队从侧翼进攻，支援负责执行包围任务的部队。 | 第 1 梯队 | 重型坦克 | 880 辆 | 2592 辆 |
| | | 第 2 梯队 | | 880 辆 | |
| | | 第 3 梯队 | | 587 辆 | |
| | | 预备队 | | 245 辆 | |
| | | 侧翼攻击 | D 型中型坦克 | 130 辆 | 390 辆 |
| | | 包围部队 | D 型中型坦克 | 260 辆 | |
| 破坏指挥系统部队 | 承担破坏敌阵地后方各种司令部任务的部队 | 4 个军司令部 | D 型中型坦克 | 80 辆 | 790 辆 |
| | | 16 个军团司令部 | | 320 辆 | |
| | | 70 个军团司令部 | | 350 辆 | |
| | | 2 个集团军司令部 | | 40 辆 | |
| 追击部队 | 由各种坦克编成的部队 | 追击 | D 型中型坦克 | 820 辆 | 1220 辆 |
| | | | C 型中型坦克 | 400 辆 | |
| | | | | 坦克总计 | 4992 辆 |

来源：富勒"1919 年计划"附录

# 阿莱西亚战役
## 恺撒的《高卢战记》

战斗的最终目的是击溃敌人，挫败其企图。为了达到这一目的，指挥官将运用各种战术争取胜利，艺术和科学在战术中融为一体。

公元前52年，阿莱西亚战役开始了。罗马共和国军团（以下简称罗马军）总司令尤利乌斯·恺撒的指挥与强大的罗马军融为一体，进行了一场令人难以想象的战斗。

罗马军不足5万，高卢军有驻守在高地小城阿莱西亚的8万多人以及援军约26万人。

为了与敌人战斗，罗马军在一个月内建成了内侧周长16千米，外侧周长21千米带有瞭望塔的围墙，围绕着阿莱西亚形成包围网。在这个包围网里，罗马军以攻击和防御两种态势待命。

罗马军的工兵堪称精兵强将，其野战筑城能力出类拔萃。当地留存至今的石桥、街道上的石板等都是他们的杰作。

9月21日，由25万步兵和8千骑兵组成的高卢增援部队抵达了罗马军埋伏以待的包围网外。罗马军以不足5万人的兵力，与内外合计近自身兵力7倍的34万敌军作战，在实际3天的战斗中，给高卢军造成毁灭性的打击，结束了高卢战争。

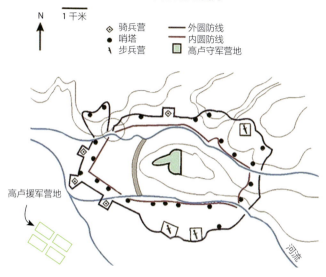

**罗马军构建的包围网**

罗马军建造的壕沟、壁垒、瞭望塔。　　　　　来源：网络

## 内线作战
### 优先打击最具威胁的敌人

内线作战是弱者的战法，也是战略守势作战。以色列自建国以来，一直被敌对势力所包围，不得不采取内线作战。

内线作战是指，把战斗力保持在中央，非常时期首先把全部力量集中在最重要的第一正面，再击溃敌人。然后，快速机动把全部战斗力集中在第二正面，进而击溃第二正面的敌人。在第一正面进行战斗时，必须用最小限度的战斗力守住其他正面。

1967年6月5日上午，以色列空军先发制人对阿拉伯国家的多个空军基地发起攻击，第一天就击毁了超过40%的阿拉伯国家空军的飞机取得了制空权。

投入西奈半岛作战（第一正面）的以色列军队在进攻时集中投入了18个旅，以共计70%的兵力包围并歼灭了西奈半岛的埃及军队。

6月9日，埃及总统贾迈勒·阿卜杜勒·纳赛尔（Gamal Abdel Nasser）承认失败，接受联合国的停战调停。于是，西奈半岛的以色列军队各旅立刻转向戈兰高地（第二正面）。

6月10日，从西奈半岛撤退的4个以色列军装甲旅的决战部队到达戈兰高地向叙利亚军队发起攻击，并占领了戈兰高地。

在第三次中东战争中成就内线作战的最大功臣是机动能力卓越的以色列国防军（IDF）装甲部队。

## ■ 第三次中东战争（1967年6月）以色列国防军（IDF）的内线作战

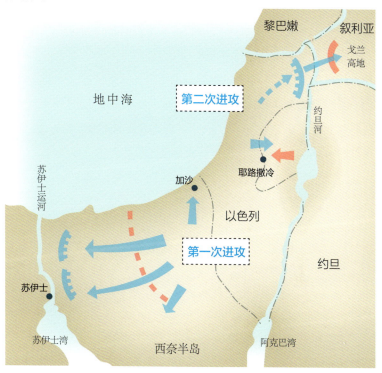

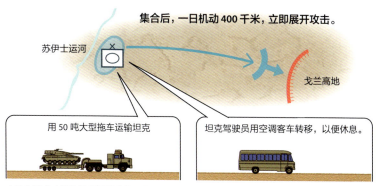

内线作战成功的秘诀是短期作战和快速决战，因此决战部队必须迅速移动，要使用50吨大型拖车和空调客车。

## 外线作战
### 包围敌人，然后予以搜捕和歼灭

外线作战是处于优势军队的战略，即强者的战术。实力不相符的外线作战，会导致战斗力分散，有被各个击破的危险。英帕尔战役（1944年3—7月）中的日军就是典型的失败案例。

当时英国第4军总司令史密斯中将看到日军第15军（15师、31师、33师）发起攻势后，放弃了在钦敦江决战的方案，选择了在英帕尔平原进行决战。这乍一看是个消极的方案，但实际上却是非常冷静的必胜方案，即让日军被迫长距离补给，英军在日军部队与兵站间距离被拉长的场所进行决战。

> "所谓统帅（大部队指挥），就是指示方向，准备后方（补给）。"
> ——大桥武夫《统帅纲领入门》（管理社，1979年）

日本军队在英帕尔作战中忽视了兵站因素，而英军总司令史密斯中将则冷静地分析了日本军队的弱点，将其引诱到英帕尔平原。

英军在英帕尔平原的兵站上集结了全部兵力，做好了最容易发挥战斗力的准备，在日军兵力分散、战斗力枯竭的时候，发起了进攻。

可想而知，日军没有能够承受英军攻击的战斗力，下场悲惨，日军撤退的道路上尸横遍野。只能说日军采取的是一个没有实际战斗力，空有形式上的外线作战。

外线态势只是准备行动，完成包围圈后最大限度地发挥战斗力，消灭敌人才是外线作战的本质。

### ■ 日军和英军在英帕尔战役中的动向

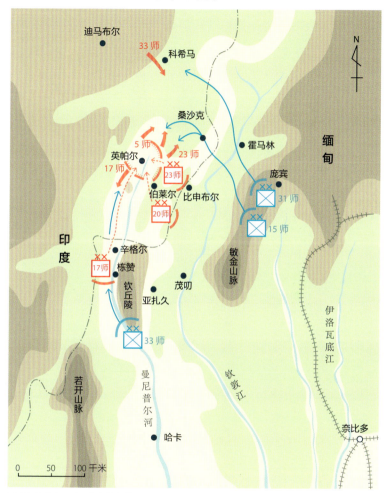

图中红军代表日军，蓝色代表英军。日军被拖入英帕尔平原，兵力分散，补给枯竭，最终惨败。

## 隆格角夜战
### 人类肉眼与雷达的较量

在太平洋战争开战初期的遭遇性海战中，奇袭发挥了重要的作用。舰队的警戒员，是在夜晚的海上用肉眼从10000米远的距离观察敌人的舰影，这是超越人类极限强化训练的结果。

在泗水海战和瓜达尔卡纳尔岛战役的几场夜战中，日本海军的驱逐舰以最大航速接近敌舰，从5000米以内的最佳攻击距离发射93式610毫米氧气鱼雷，用偷袭方式一举击沉敌舰。

但是，到了1942年，美国海军开始科学应对，海战的主导权逐渐转移到美国一方。美国雷达在23000米远的距离探测到日本军舰正在靠近，便在距离10000米时开炮射击。也就是说，美国用鱼雷射程外的炮战逐渐掌握了海战主导权。日本警戒员发现美国军舰的同时，日本军舰也被敌舰炮弹准确命中。即便是经历超越人类极限高难度训练，人类肉眼能搜索敌人的范围也无法与雷达这种科学技术相媲美。

● 日本海军最后的荣光 ——隆格角夜战[一]

1942年11月30日，日本海军第2水雷战队[二]（司令：田中赖三少将）的8艘驱逐舰为执行补给任务驶向了瓜达尔卡纳尔岛。这8艘驱逐舰分别是第15驱逐队的"阳炎号""黑潮号""亲潮号"，第24驱逐队的"江风号""凉风号"，第31驱逐队的"高波号""长波号""卷波号"，其中田中司令官乘坐旗舰"长波号"。

31日深夜，各驱逐舰在隆格角执行对瓜达尔卡纳尔岛的补给

---

[一] 美军称为塔萨法隆格海战。 ——编者注
[二] 日本水雷战队一般指发射鱼雷攻击敌舰的舰队。 ——编者注

■ 隆格角夜战

美国海军重巡洋舰队全灭　　　来源：半藤一利《隆格角夜战》（PHP 研究所，2003 年）

任务时，美国海军重巡洋舰队（重巡 4 艘、轻巡 2 艘、驱逐舰 3 艘）的 9 艘军舰早已用雷达捕捉到第 2 水雷战队，做好了拦截准备。

离美国舰队最近的"高波号"发现了美舰，田中司令立刻下令："停止靠岸，开始战斗"。已经几乎停止的日本各舰立即采取战斗态势，提高至最大航速。

虽然美军率先开火，但田中司令毫不迟疑地下达了"全军突击"的命令。这一瞬间的判断最终使日本海军第 2 水雷战队取得了全歼美国重巡舰队的战果。隆格角夜战是日本海军最后的荣光。

# 苏奥穆斯萨尔米战役
## 芬兰的包围战术

使部队行动受阻而行动迟缓,是积雪寒冷地区的特性。不过,为了克服这种制约,训练和装备适当的部队,会有效地利用积雪寒冷地区的特性,获得更强的战斗力。

1812年的拿破仑军队和1942—1943年的纳粹德国军队由于缺乏应对积雪寒冷地区的准备,被俄罗斯的严寒冻得遍体鳞伤。日本也有1902年在雪中行进的军队因严寒全军覆没的悲剧。

在冬季战争(1939—1940年)中,芬兰军队最大限度地利用了积雪寒冷地区的特点,击溃了苏联的机械化部队。这个时候芬兰军队的战斗方式就是脍炙人口的包围战术。

1939年冬,芬兰军队运用迟滞行动巧妙地将前来进攻的苏联机械化部队引诱到白雪皑皑的森林和沼泽地。

因恶劣的天气与地形,苏联军队的车辆纵队发生拥堵,部分车辆掉队,早已集结在路旁的芬兰军队的滑雪部队(步兵)拿着轻武器发起突然袭击,分割包围苏军的车辆纵队,使其难以发挥战斗力,最终被各个击破。

## ■ 苏奥穆斯萨尔米战役（冬季战争）

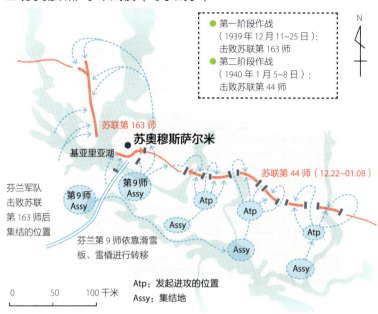

芬兰军队的滑雪部队（步兵）。　　　　　　　　　　　　　　来源：网络

# 北非战场
## 在沙海中神出鬼没的英国沙漠远程突击队

1942年10月23日深夜，英军第8军（20万人）在阿拉曼战役地区对纳粹德国和意大利军队（10万人）发起了总攻。经过约1周的激战，纳粹德国、意大利军抵抗不住英军的攻击，11月初向西全面撤退。

隆美尔从9月23日开始在奥地利疗养，但是接到"蒙哥马利发起了总攻"的消息后，他于10月25日返回了阿拉曼地区。

在双方交战时，英国特殊精锐部队的目标是端掉隆美尔的指挥部，埋葬"沙漠之狐"。执行该任务的是英国第8集团军总司全部直属的沙漠远程突击队⊖（Long Range Desert Group，LRDG）。LRDG是英国第8集团军的耳目，驾驶吉普车和卡车潜入敌后方，进行侦察、收集情报、袭击等活动。敌人的后方地区是广袤的沙漠地带，有很多地方地图上也没有标注，因此部队必须具备能长期独立行动的能力。这种部队是能帮助英军获得更多信息，实现知己知彼的关键。

为此，LRDG的队员不仅要了解编制、装备、战术和战法等军事理论，还必须广泛地了解当地历史、文化和民族特性等。所以，切忌以自己的标准去衡量敌人，而是要追求思想的自由与灵活性。

---

⊖ 英国LRDG是著名的SAS特种部队的前身。　——编者注

# 第 5 章 艺术与科学的叙事诗——经典战例

LRDG 装备的 1.5 吨雪佛兰卡车。卡车上装满了补给品（武器、弹药、燃料、油脂、粮食、配件等），驰骋沙海，神出鬼没，执行任务。
来源：网络

### ■ 执行 30 天任务的 LRDG 装载的物资

- 汽油 890 升（0.5 吨）、润滑油、水、战备粮食、厨房用具、床上用品 1 套、弹药、沙地逃脱用木板和垫子、无线电、电池、步枪等。
- 至少配备 2 挺机枪：.50 英寸口径飞机用勃朗宁、.303 英寸口径维斯克 K 系列机枪。
- 用指南针确定大致方向，用经纬仪确定详细位置。
- 维修兵的卡车携带备用车轴、散热器、离合器板、转向杆部件以及各种类型的软管、皮带、固定件等设备。

参考：史蒂芬·普雷斯菲尔德《狩猎"沙漠之狐"》（新潮社，2009 年）

# 日本品川炮台
## 阻止外国舰船进入东京湾

1853年7月8日，美国海军佩里将军率领4艘黑船（黑色铁甲舰）来到日本，停泊在距离江户湾[一]浦贺2千米的海面上。佩里带着美国总统亲笔国书，要求日本对外开放。

日本幕府将观音崎和富津之间8千米的区域作为阻止外国舰船的防线，在两岸修筑了炮台。当时的大炮是参考荷兰兵书仿制的青铜前装滑膛炮，它虽然有效射程为1000米左右，发射球形炮弹，但完全没有能力阻挡佩里舰队。

佩里舰队来航后，作为防卫的最后堡垒，幕府建造了品川炮台，1854年才建完了5个炮台。

佩里舰队4艘军舰的火炮共63门，均为前装滑膛炮，有效射程在1500~2000米左右。当时部署在观音崎和富津的炮台与品川炮台都只是摆设，并不具有遏制力，这就是当时日本的实力。

日本从明治到大正时期，军队为了防御首都东京，在东京湾入海口修建了海上要塞，被称为海堡。海堡是为设置炮台而建造的人工岛，从富津岬到横须贺共修建了3处。

修建海堡的目的是为了阻止俄罗斯舰队入侵东京湾，但并没有在实战中使用过。其中，第3海堡在建成两年后因关东大地震遭到毁灭性破坏，大部分建筑物都沉入了海底。

---

[一] 现东京湾。　——译者注

第 5 章 艺术与科学的叙事诗——经典战例

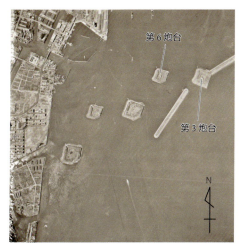

1947 年 8 月美军所拍摄的炮台附近。现在只剩下第 3 炮台和第 6 炮台。

从彩虹桥拍摄的现第 6 炮台。

第三海堡示意图。装有 150 毫米口径加农炮 4 门，100 毫米口径加农炮 8 门和探照灯等。沉入海底后变为暗礁，但现在已经完全清除。

来源：日本关东地方整备局港湾空港部网页
(http://www.pa.ktr.mlit.go.jp/wankou/history/index6.htm)